DU MÊME AUTEUR

Aux Éditions Gallimard

LES PETITES BOTTES VERTES, 2007.

À LA POURSUITE DU FACTEUR CHEVAL, 2008.

Chez d'autres éditeurs

CHAMBRES D'ASIE, Aubier, 1987.

WISUT KASAT, Belles Lettres, 1994.

AQUI TE ESPERO, Belles Lettres, 1994.

72 HEURES À ANGKOR, Belles Lettres, 2000.

L'Arpenteur

Collection créée
par Gérard Bourgadier

dirigée par
Ludovic Escande

Gérard Manset

VISAGE D'UN DIEU INCA

récit

GALLIMARD | L'ARPENTEUR

(...) Il demeurait sous l'obsession de son image, comme il arrive quelquefois quand on a passé des heures charmantes auprès d'un être. On dirait qu'on subit une possession étrange, intime, confuse, troublante et exquise parce qu'elle est mystérieuse.

Guy de Maupassant, *Bel-Ami*

J'ai rêvé de lui. Il avait rajeuni, jauni, il était mince et fin, visage lame de couteau, yeux en amande. Il était venu s'asseoir silencieusement à la même table. Nous nous trouvions dehors, de nuit. Les rêves, on est partout chez soi, et à cette table ronde Alain m'avait glissé un petit carton, son nouveau numéro... Il avait changé de nom, j'ai lu des c, *deux* h. *C'était un nom très exotique, à consonance allemande. Il ne donnait l'adresse qu'à quelques-uns, mais il était tranquille. Ensuite ce fut la nuit, tout mélangé, et d'autres visions de ces espaces d'un peu partout visités constamment par le sommeil.*

Évidemment, je n'ai plus de mémoire

Évidemment, je n'ai plus de mémoire. Je me dis parfois que j'en suis à ce moment de la vie où l'on « ramène les bêtes ». Prenant le chemin au-dessus de la gorge de la vallée, je songeais à Alain, cet atypique au masque très élégant, très animal, comme une espèce étrange cherchée au fil du temps. Palpite en moi le collectionneur qui n'a rien fait que jouer et vérifier sans cesse, tester certaines saveurs, chercher si quelque sucrerie, parfois riche, parfois pauvre, monterait ou caraméliserait. Alain en était une, épicée très doucement.

B comme balèze, A comme Alain, et puis la suite : le chapelet des lettres formant son nom... S comme social, H comme humain... U comme unique, N comme n'importe quoi et G, peut-être pour Gérard ? Ce qui fut fait. Il avait face à lui quelqu'un de fasciné, d'adepte, d'admiratif de sa succulence absconse, de son « abscuonsité ».

Penché au-dessus de la table, je le regardais tenter de faire s'animer le bord cadavérique d'une huître avec un peu de citron. Danseur des immobilités, il ne se trompait pas. Prescience de vieux routard de la rouerie des apparences. Donc j'étais là, curieux et intrigué de ses pantomimes, goûteux de ses similisourires dont l'âme ne se dessillait que rarement, grignotée, avortée…

Gourou du «trois pas en arrière», il n'y avait pas plus sage et plus placide dans son humilité, sa componction. Durant ces entretiens, je n'ai pas noté ni vu grand-chose, m'écarquillant les yeux, scrutant l'idole sans y déceler rien d'autre que la plastique exquise d'une admirable guirlande de mots ténus et doux, choisis, qu'il évacuait lentement de ses lèvres très subtilement arquées, modelées, bleutées.

Je l'observais, surpris par la manière très laborieuse avec laquelle les phrases sortaient, le quittaient, une à une déposées. Des mots terriblement sensés et justes, les mots de qui est né de rien, provient de rien. Il m'avait fait comprendre la politique sociale et l'humanisme. Il revenait en arrière, soufflait. Il respirait en cachalot, ouvrait les yeux sur la surface problématique du monde, prenait tous les détours. En fait, il inventait. Il ne se rendait pas compte, tant l'effort était grand, mais c'était cela, et l'expression sortait de son être avec toutes les difficultés qu'on prête aux accouchements. C'en était un, laborieux, étudié, les arguments concrets, les exemples amusés qui lui donnaient le faciès plus rubicond et parfois emprunté, l'éclat du regard trompeur, voire enfantin.

Surpris dans un larcin, on aurait dit le visage d'un dieu inca, celui des bas-reliefs, des stèles, et là qui s'animait, comme piqué d'un couteau, immobile et mouvant tel l'eût été l'invertébré à double coquille et à corps mou qu'il adorait : la *fine de claire*.

Qu'étions-nous l'un pour l'autre, jumeaux monozygotes de l'œuf unique d'une poésie inexprimable ? Je ne décelais rien que l'admirable magie faite de douceur et de gentillesse. À le pénétrer sans y concevoir la moindre surface plane, le moindre point d'appui, l'assimiler sans y interpréter rien d'autre que du néant, du vide. Mais un vide chatoyant, attirant. Seulement armé de sa propension à dire ce que d'autres précisent difficilement, il évoquait la foule : les gens — non pas le « public ». Plus élégant, moins égoïste. Il ne savait pas bien où se situaient le propos, son intention ou sa psyché. Ne réfléchissant jamais, il avançait de façon conventionnelle, en amputant, en jetant.

Il rappelait quelqu'un d'autre, Nicolas, d'Indochine. Quelques années plus tôt, chez lui, au fond d'une petite impasse de Belleville, alors que nous nous étions retrouvés pour évaluer ce qui finirait sous forme embryonnaire par quelques phrases dépareillées donnant *La Nuit des fées*, j'avais été saisi : l'ingénuité charmante pour les choses les plus simples et l'effroyable complexité d'un univers lui étant propre, qu'il cernait mal mais *distinguait*. Imprécision des choses précises et donc difficulté, effort, tout cela irrationnel et flou, d'où naissent plus certainement les inventions et les innovations que lorsqu'il s'agit de choses maîtrisées ou sues. Avant Paradize, Sirkis était déjà ainsi : sourcilleux, pointilleux. Il amadouait, souriait, savait exactement ce qui lui serait nécessaire, voyait où il allait, muni d'un sixième sens.

Deux intuitifs. Sirkis voulait séduire, Alain faisait peine à voir, tortueux, maladroit, qui aurait espéré plutôt un consensus dans la mise en relief de ce que serait la musique, la sienne, celle de ces mille détails qu'il ne maîtrisait pas, découvrirait, goûterait, aurait à affiner par les brouillards de sa cervelle configurée en sorte de jeu de patience, d'énigme, comme un coup de mikado.

Il était le rejet, quand Nicolas aurait été l'homme des rodomontades, mais l'un comme l'autre ayant la certitude d'achever le travail exactement au point précis qu'ils considéreraient juste, être le bon, utilisant comme artifice cet instrument premier qui s'appelle *la poubelle*. À force de retailler, ces deux-là progressaient, en amputant, en jetant, voyant ce qui leur convenait, d'emblée écartant le reste.

Nous ne parlions pas de musique

Nous ne parlions pas de musique. De quoi, alors ? Pas de drogue, pas de sexe, plutôt comme deux lanternes en voie d'être soufflées, mises en veilleuse. Je restais silencieux, j'approuvais. Il était mon cadet mais j'adoptais devant lui une attitude d'écoute, d'attente respectueuse. Il avait un « message ». Cela ne me dérangeait pas. Il était mon semblable, à la fois différent, déférent, et moi de la même manière très attentif à ne pas froisser quelque repli de son être. Après son effective disparition, je me suis mis à chercher les éléments d'une vie que je n'avais pas connue, n'ayant compris ni partagé, suivi ni apprécié les dérives du début — joints, cuites —, ni ce somnambulisme qui succédait aux nuits trop rock'n'roll. Mais finalement nous nous étions retrouvés sur le dernier parcours, et c'était bien ainsi… rationnel, constructif. À son contact, et dû à la sobriété de ses conceptions et expressions, il m'arrivait de comprendre, par un exemple, un simple mot, ce que *les petites gens* avaient de problèmes et quelquefois de rancœur, mais également d'espoir. Il jouait avec la mie, regardait un saladier, beurrait du pain, demandait un peu de vinaigre aux échalotes ou du citron pour son plateau de fruits de mer... De mon côté, il me voyait verser dans mon coca light une quantité égale d'eau plate, et cela le faisait sourire.

Je ne voulais pas le brusquer. C'est à ce moment que je lui ai laissé deux textes, sans même savoir s'il était preneur, y donnerait suite. En l'observant, j'avais eu le sentiment qu'il illustrait précisément le propos du dalaï-lama : « Plus on s'approche des phénomènes et plus ils disparaissent. »

De là, je me suis intéressé au phénomène à chéchia noire, remarquant qu'il paraissait se dissoudre ou s'éthérer, s'évaporer... qu'à l'instar du précepte de l'« Océan de sagesse », Alain *disparaissait*, flottait... de façon presque visuelle et bien avant sa vraie transformation à lui, celle de ses agrégats à lui.

C'est qu'à travers un prisme chaque fois semblable et chaque fois différent le mystère opérait. Alain troublait, avait été troublant dès l'origine, dès les premiers albums. Moi qui ne me souciais pas de cette frénésie de guitares, me méfiant des exercices où quelques musiciens buveurs de Valstar et consommateurs de pizzas « testaient », « tâtaient », « cherchaient » au beau milieu de la nuit et repartaient aux aurores, je préférais les séances où tout était conçu bien en amont, celles de la vieille école des arrangements écrits au préalable et des sessions de quatre titres réalisés en moins de trois heures avec des musiciens taxés de «professionnels». Ce qui voulait dire des êtres qui lisaient tout, sur le dos, sur la tête, à l'endroit, à l'envers, capables de s'enfiler dans un chorus digne de Zappa autant que de Narciso Yepes : une cargaison de guitares, deux nylon, trois Fender, quelques Gibson à caisse... tous les amplis du monde, toutes les pédales... Ne pas leur demander ce qui n'était pas écrit, sans cela on avait droit à quelque ritournelle larguée déjà cinq ou six fois à un Boby Lapointe ou à une Dalida. En revanche, c'était la certitude de boucler l'affaire dans une unité de temps hallucinante. Par exemple, ce flûtiste, dans la coda de La Mort d'Orion, fin de *Salomon l'ermite*... et avec lui toute l'armada de cymbales du dénommé Ceccarelli... caisses magnifiques et timbres réglés au quart de poil, mille bras, mille mains, Shiva percussionniste, un caviar musical...

Alain devait être ailleurs, mais où? Ou louvoyer : on sait ce que l'on ne veut pas mais on ne sait pas ce qu'on veut. Qui frayait avec lui, qui se farcissait les nuits de beuverie et les escales? qui partageait les camping-cars sous les auspices du *beat* binaire? affublé de quoi, sous quelle sorte de postiche, quelle tenue lézardée... avec quel masque aztèque plaqué sur le visage? Un rêve comme il m'en venait souvent, un de ceux comme il m'en revient encore dans la poudreuse clarté de ce qui reste accroché depuis ses ultimes apparitions crépusculaires.

Ceci jusqu'à *Lego*... EMI s'était interrogé, parce que je devais l'avoir aussi sur mon album, ce texte que j'acceptais de céder, de confier à Alain.

Cela ne posait pas de problème, deux interprétations, deux formules concurrentes, concourantes... lui dans la concision et la macération, moi dans ma conception des « quatre titres par séance ». EMI n'en savait rien, de même qu'en général personne n'avait rien su de ce que j'avais en tête jusqu'au dernier moment, celui du mastering et de la fabrication. Ayant projeté d'intituler l'album « Comme un Lego » et le juridique voulant se prémunir de toute procédure envisageable de la part du fabricant de la marque, de Lego, justement, il fut question de changer. Dans les délais, j'ai proposé Manitoba, de « Manitoba ne répond plus »... donc *one more time* demande d'une autorisation auprès de la société propriétaire, soit l'équipe Moulinsart, les petits de l'album de Jo, Zette et Jocko.

On a eu la réponse. Ils en étaient flattés, se sont amusés de cette fantaisie pour une jaquette représentant un bout de puzzle, le découpage de pièces à emboîter n'ayant aucun visage, pas de nom, seulement cette apparence d'éléments emboutis semblables et profilés différemment.

Comment serait sa pochette à lui, celle d'Alain, comment serait son *artwork* ? Irait-il restituer cette atmosphère du texte, *Lego* à la Magritte ? Sa major en ferait fi ? Choisirait-on pour lui un titre plus évident, moins susceptible d'être cantonné à des horaires radio impraticables ?

Je ne peux me rappeler

Je ne peux me rappeler comment, ni où quelqu'un m'aurait cité cet être qui à l'époque — Studio de Milan, 1972 — se serait permis une trajectoire si effroyablement austère sans que l'un des musiciens avec lesquels je travaillais ne l'eût connu ni fréquenté. Un Vince Taylor à masque nô. On vivait en vase clos. On se retrouvait sur la page 7 d'un *Rock & Folk*, sur la page 8... ou bien le contraire, simultanés et conviviaux... albums jumelés se suivant ou se précédant... Quand je sortais Lumières, lui c'était Play Blessures ; moi dans Matrice, lui dans Rio Grande.

Le temps se promène. À chaque album et à chaque fois j'ai dû songer : « Tiens, encore un. » Un domino de cette litanie guillerette, qui se serait écroulé, retombait sur son voisin tandis que quelques miraculeuses secondes scellées les unes aux autres se frayaient un chemin : « Vas-y ! pas le temps de revenir, de regarder en arrière ; avancer, bousiller, ne s'intéresser à rien, que du boulot… pas besoin de réfléchir, de filer dans quelque réflexion invalidante, les opinions basiques, la *gloserie* des Lilas… »

Si j'évoque La Closerie, c'est que bien évidemment, à ce moment-là, Roda, le Roda de Julien Clerc, était encore un monolithe venant déjeuner à La Closerie, quasiment en voisin autant qu'en robe de chambre. On se croisait peu, puis Constantin est mort. J'avais eu les honneurs du « CD d'or » de Matrice, et on s'est revus, avec Roda, lorsque ma fille aînée — démiurge, amie d'enfance et manageuse de Raphael, futur prince des radios — avait alors quel âge, dix ans, onze ? Ce serait vers 1990, pour Jadis et Naguère, dans les bureaux d'EMI d'Issy-les-Moulineaux, qu'elle poserait son petit pied sous les arcanes de la vieille maison Pathé, y achèverait l'étude commanditée par le commercial — on ne disait pas encore le « marketing ».

J'en ai une planche entière, de la réception au George V avec intervenants disparus où, depuis ? Maubert, par qui le roman Royaume de Siam avait vu le jour, et puis certains hurluberlus tel ce présentateur d'une radio libre qui allait faire, quelques années plus tard, grève de la faim. Il était là, veste à carreaux, cheveux en étoupe, une serpillière grisâtre mais si bouddhistement ou hindouistement aimable, se fendant d'un geste très harmonieux pour tendre la main à Roda-Gil par-dessus les petits fours. Ce dernier avait les cheveux très ras et l'embonpoint naissant. Ou bien Foulquier, qui tenait les rênes d'alors et les Francofolies d'alors, épaules massives, impressionnante allure de manouche à catogan que je recroiserais bien des années après dans un wagon du TGV en route pour l'océan, et qui me dirait avoir été le premier à m'avoir eu en interview... Europe 1, France Inter, 1968.

Le temps passe... Et toujours pas de Bashung, pas plus durant toutes les années de la rue Pierret, Neuilly, quand Pathé Marconi détenait encore ses trois studios dignes d'Abbey Road. Les choses vont-elles si vite ? pourquoi en ai-je à ce point la nostalgie : je prenais des zincs au petit bonheur, filais dans des taxis, les carlingues étaient vides, presque... on arrivait dans des endroits faramineux de beauté écartelés entre pauvreté et joliesse. Les gens souriaient... aucun de ces figurants d'un film à la Corto Maltese ne voyait dans un « frenchie » ou un « francés » d'alors le moindre souci, et donc aucun traquenard, seuls les espaces de bonhomie où l'improbable et l'inédit fleurissaient le jour, la nuit, où, laissés à eux-mêmes, se rencontraient partout des gosses curieusement « sans école ».

Et toujours pas d'Alain. Pas un coup de fil comme avait pu me laisser, un soir, la diva Barbara pour l'éventualité où elle aurait à enregistrer *Vies monotones* dans un projet me concernant.

Et toujours aucunement la possibilité de croiser l'homme / caoutchouc qui à cette occasion allait interpréter *Animal on est mal* au studio ICP, à Bruxelles... Tout le monde faisait barrage afin que je n'approche pas, ne vienne m'immiscer dans un travail qui débutait, qui avançait cahin-caha. On imaginait quoi? que je ferais capoter quoi? De réputation sévère, allais-je refaire les mix? En ces temps-là je n'ai donc pas vu Alain... Alain avec lequel se serait pourtant probablement produit ce qui aurait lieu ensuite : la même estime, les mêmes atomes crochus, la même complicité que celle partagée quinze ans plus tard, mutiques et face à face, assis sur l'un des poufs de la boulangerie du boulevard Exelmans, pour *Lego*, pour *Vénus*...

Une vie sans lui, une vie sans même savoir qu'il existait *parallèlement*... à ne pas suivre son parcours. Pas plus celui des autres, d'ailleurs. Rien de l'extérieur, seulement un peu de littérature que Bayon, journaliste, écrivain, Levi's noir, chemise noire, m'amenait à l'un des restaurants de la porte de la Chapelle où nous nous retrouvions parfois. Parmi ces textes, le faramineux et délectable : Oviri, écrits d'un sauvage, à recouper avec Essai sur l'exotisme, de Victor Segalen, où ce dernier décrit, entre autres, sa découverte de la «maison du jouir» à peine quelques journées ou quelques heures après le décès du priapique artiste des bleus lagons. Gauguin lâché, oublié et malade. D'où ma dévotion au sauvage — car il se revendiquait comme tel : «trouver le sauvage qui est en soi» — et la publication d'un bout-à-bout de ses œuvres intitulé *L'Or de leur corps* dans un album daté de 84.

Dans ce second septennat d'un Président situé entre Giscard et Jacques Chirac, ne m'arrivait-il pas pourtant très fréquemment de déjeuner avec ce même Bayon ? Écrivain, journaliste… qui aurait fait le coup de poing — littéraire, cela s'entend — mais certainement trop doux, de placide humanité considérant les gens avec la commisération de l'antique, quand tout était philosophie. Cinglant, redouté et cynique. Mais ce n'était qu'apparence, car en lui-même, au-delà, il se voulait plutôt omnipotent, philanthropique. En jean et lunetteux, migraineux, orfèvre d'une dialectique considérée dès l'origine comme « impigeable », son trait démolissait, mais au fond de lui tout s'écoulait paisiblement, pépère, ayant ses têtes, ses convictions et ses marottes. Parmi celles-ci, œuvrer à ce que le soldat Manset ne fût pas remisé aux oubliettes. Donc fomenter le *tribute*, l'« hommage », lui et les deux lascars dont le portrait va suivre.

De quoi parlait-on, dans ce restaurant de Torcy face à l'église grisâtre, son square hanté de seringues ? Du fascicule qu'il avait publié sur un auteur d'alors, Gainsbarre… l'époque des émissions *Lunettes noires pour nuits blanches*… On aurait pu y voir aussi Bashung, dans ces nuitées de bastringue des Grands Boulevards, et moi, à l'improviste, aux environs de la rue Montmartre ou du Palace, croiser un soir à la sortie d'un bar ce zombie de latex à lunettes sombres et teint blafard. Ou bien n'était-ce pas l'heure, car ce ne serait que bien plus tard, lors d'un prix littéraire…

Mais nous n'en sommes pas là, et en réalité, durant près de trente années, je n'ai pas touché ni approché *de visu* cet être courant d'air, ni de profil ni de travers.

Communiant alsacien qui n'avait pas connu son père, élevé par qui dans une époque où cela devait être très lourd. J'étais né à Saint-Cloud, et jamais enfant de chœur. Or lui l'avait été. J'étais pourtant friand, et par essence, de l'imprégnation sournoise, voire inquiétante, des lieux et eaux bénits, de l'odeur de grotte et de vieil évier des compotiers de granit postés à l'entrée de nos églises, envisageant les hauts tableaux bibliques dans des chapelles maculées de suie et de mousses qui les rongeaient depuis des centaines d'années. Je voulais ces scènes de purgatoire, les désirais dans mon sommeil, que cela s'inscrive dans la résolution de tout un fouillis de détails qui travaillent en sous-couche, modèlent, burinent par l'intérieur…

Mais sûrement pas fervent au sens traditionnel. Ce que j'aime, c'est la pulsion, l'emphase, c'est l'extase absolue du flamboyant gothique, de l'art baroque, toutes les enluminures ou inventions subtiles qui proclament le divin… Les milliers de tabernacles et *capillas* à flancs dorés, creusés, les ex-voto, tout le reste… On ne peut pas ne pas y croire.

Martial était un des preneurs de son d'Europe 1. Je revois le couloir qu'il me fallait monter pour amener la galette, celle que j'avais gravée aux environs de la rue de la Pompe, chez un particulier. Le test pressing avait nom : un *souple*. Et de souple à Souplet, directeur général, le pas était franchi : celui du CBS de la rue Freycinet. Les premiers rendez-vous dans la débrouillardise et l'inventivité. Jamais fumeur de joint quand tout était permis. Je me tenais à distance de ces Anglo-Saxons autant que des inventions venues d'outre-Manche. Des renommées, tout ça… J'avais à m'occuper de mes inventions à moi, à me balader dans mes concepts ésotériques à moi, comprendre mes kilomètres de bas-côtés et inventer mes borborygmes à moi, mes signes et mes lubies dédiés à *ma* divinité de l'imaginaire.

Or officiaient déjà pas mal de gens dans cette époque coquette des conceptions à la Vasarely. Des cubes, des lignes… les bizarreries de toutes sortes à démontrer, à démonter et combiner entre elles, les « scoubidous » d'alors… Je n'en avais cure, friand d'autres sous-sols et d'autres caves, celles de la rue de Milan, bien sûr, et du studio.

C'est au volant d'une Fiat que je dévalais pour m'arrêter vers Saint-Lazare, vers la place de l'Europe. Pas un péquin. Dormez braves gens, l'auteur sortait son trousseau de clés, allumait les machines. Pendant ce temps-là Bashung devait être à Londres, comme l'expliquerait trente ans plus tard le comparse ayant fait le film des envolées tumultueuses et des heures embourbées : Soho et ses souvenirs. Une projection très identique, à part les sièges refaits, à celle où j'étais venu lancer à la Sacem, dans les mêmes eaux de la même époque, le moyen métrage de L'Atelier du crabe.

Que n'ai-je en ces temps-là lancé l'invitation à un certain dandy de cuir sombre qui déclamait *Gaby*…

Il faut remonter…

Il faut remonter au SMS du samedi 14 mars :

bashung est mort

Le *b* en minuscule, dû à la sobre typographie du numérique et des cristaux liquides.

Je devais me trouver chez des amis quelque part en province, probablement aux environs de Rochefort, une ville, par sa topographie, sa linéarité, le quadrillage des rues, qui paraissait à ce moment-là le mieux correspondre à une révélation de cette sorte, intemporelle et froide.

Quelques fleurs dans un vase. C'était des roses, bien sûr, la chambre et son grand lit de métal. Je venais de faire un serment : plus jamais « je », plutôt le *il*, ou bien alors le *on* impersonnel, ce « on » que ma mère donnait dans mon enfance pour être malhonnête. N'avais-je entendu cela toujours : « on, pronom malhonnête » ?

Mais qui se serait permis de l'être, honnête ? À la lecture de la disparition d'Alain, les choses allaient changer. Il en avait été l'aiguille ou l'aiguillon, de cette époque-ci, le baromètre, le système étalon, voire l'étalon lui-même, impétueux et indompté.

Comment deviner alors quelque fissure définitive dans une stature à ce point impressionnante de calme, de majesté placide... Maintenant que j'y repense, je me le représente massif, tassé, me le remémore comme s'il était un cavalier chevauchant son destrier en vue d'une ville de sable à attaquer, comme une statue équestre... je le revois équidé... presque centaure avec ses larges épaules, de lourdeur percheronne, qui aurait eu en main une noble déclaration demandant aux assiégés de laisser la place, d'ouvrir les portes... celles de la cité rock vassalisée... mais réfléchi, mais simple, nanti d'une illumination vers les coulisses de sa construction mentale... nous aurions voyagé dans les régions du Sud, les très grands Sud et les très vastes Sud... Mexique ou quelque chose comme ça. Rio Grande...

Lui donnais-je l'accolade ? Sachant comme quelques-uns avaient utilisé leur corps ainsi, comme lui, de cette façon-là, bu, fusillé, vomi, je revois son œil surpris, toujours à se demander si c'était vrai, mes blagues, mes inventions, mes mots... et puis s'interroger avec des « oh » d'enfant... la bouche tournée en une façon de poterie sur un tour de soleil... et la poterie séchait et prenait forme... il devenait cet objet, cette icône.

Je le pensais au présent. Quelques-uns persistaient, s'accrochaient, tombaient dans un silence assourdissant vers les fonds mazoutés de ce qui s'appelait «changement», se voulait «modernité». J'étais dans ce wagon-ci, celui du début de siècle, celui des Casimir du monde moderne. Ils avaient pris le pouvoir bien en amont, et très précisément le jour des radios libres. Population plus raréfiée, trottoirs moins sales... et puis ce mot «libre» : jamais une terminologie ne fut si contraire à la réalité, si pernicieuse et fourvoyeuse, jamais mensonge plus officiel et établi... Rien ne saurait plus à ce point agir ou jouer un rôle déstabilisateur digne de la désinformation, des images retouchées, car qu'avaient-elles de libre, lesdites radios, sinon, de façon paradoxale, de ne plus passer jamais d'œuvres françaises? De ce jour, vérification faite, beaucoup d'auteurs ont disparu des ondes. Le temps des comités non pas de lecture, mais bien d'écoute. Qu'en aurait dit Alain? Le savait-il, le mesurait-il, perdu dans les fumées d'une avant-scène montée puis démontée au milieu des jambons, bien installé en potentat parmi les vins de la nuit, les charcuteries de province?

Le deuxième tête-à-tête, ce devait être au Wepler, car j'avais insisté : «Déjeunons quelque part.» On s'enfermerait dans l'hermétisme, hésitants par nature. Je désirais ces longues conversations, ces longs silences. On se regarde, on se soupèse. Ce qu'on aime c'est cet échange, chez lui très lent, très sourcilleux. C'est encore un circuit, un voyage, le petit aéronef lancé à l'assaut de l'autre, or qui pilote ?

Il évoquait sa petite bâtisse murée on ne savait où, pas loin, au bas de Clichy. Il avait pris des huîtres *et* un plateau de fruits de mer, regardait la table, la nappe, estimait de la narine les choses de la marée. Il souriait gentiment…

« Alors ? »

Tout cela retombé très vite dans les méandres de l'à-peu-près : tenter de se raviser, évoquer une usine, parler des travailleurs, se promettre solidaire puis déplier *Libé*. Il a gobé un des mollusques, et cela consiste en une gestuelle prenant plusieurs minutes ; au ralenti, croit-on… mais non : danseur concis, kata pour long couloir rêvé dans lequel les coudes doivent esquiver un adversaire imaginaire.

Le considérant attentivement, je dis n'apprécier que les éléments regroupés dans un portrait ou un profil légèrement en plongée, les belles valeurs de la lumière tandis que dehors il fait grand jour et grand soleil. C'est la plus belle des choses, la lumière. Pourtant le Wepler est un mauvais souvenir. Ça, Alain ne le sait pas. D'ailleurs, personne ne le sait. Tandis qu'il me parlait par bribes, suçant ses huîtres, c'était la résurgence de tels atermoiements qui me revenait en mémoire. La vie, cette linéarité dont on ne devine que l'extérieur, la partie émergée... J'avais continuellement — pourquoi? — l'image d'un ours polaire perdu et qui dérive, dont chacun sait que le socle finira par fondre... de même dans mon coca les deux ou trois glaçons fondaient... J'imaginais alors cet atelier... atelier des tropiques... regardant Alain qui avait pu pour un instant me donner l'envie de rouvrir une pièce pareille, d'une hauteur pareille, le faire en empereur romain, me mettre à étaler pour lui les camaïeux de carmin, la terre de Sienne... Tandis qu'il s'exprimait, les mots sortaient doucement, délicats pointillés se chargeant de nous endormir. Je le restituais par la rêverie, le songe, accentuant le trait, forçant les ombres, gommant le sourire indifférent.

Revenu à la réalité, je le voyais immobile, se mouvant autrement, me disant : « Il se meut, il se meuh... »

Il inspecte et mâchouille, hume et respire, se reprend, aspire vers l'intérieur pour qu'à la fin en naisse la périphrase entrelardée de formules évanescentes ponctuées d'hésitations très hasardeuses, et tout cela élogieux, prodigieux; une grâce calquée sur quelque chose de raisonné dont l'enseignement serait le fruit d'une très particulière humilité apte à l'observation. Un sage himalayen, d'Himalaya d'ici. Un druide à la peau mince dont se percevaient les pariétaux, les lobes, les maxillaires comme s'il était cet écorché des livres de science : écouter, somnoler, se laisser sombrer dans les méandres de son débit changeant, frais, mesuré, précis…

Voilà ce que je me disais, car à ce moment, des deux, lequel était le manipulateur ? Qui se demandait s'il n'aurait été plus nécessaire de profiter de cette belle journée ailleurs : l'Inde, par exemple, filer à n'importe quel comptoir et suivre le premier venu dans les rougeurs de Pondichéry ?

Nous étudier ou nous tester ainsi, était-ce indispensable ? Indispensable contenait « penser » et « sable », insaisissable contenait « saisir » et « sable », et il était ainsi, le sablier ou bénitier d'une plage abandonnée, d'une vaste crique ou conque… C'était cela, son secret, placidité des lents glissements à la géologie parfaite, des mouvements tectoniques quasi imperceptibles, des fissures telluriques… tout cela dans un verre d'eau.

Il pouvait bien utiliser ses Club Affaires

Il pouvait bien utiliser ses Club Affaires, c'était courant pour des artistes fragilisés et trop souvent sur le qui-vive du fait de leur planning et de leurs itinéraires nécessitant de se rendre ici ou là pour une promotion, l'entretien... Lui semblait médusé : les ventes, les salles à moitié vide, les tourneurs, la banqueroute. Cela l'étonnait, il en était devenu sceptique sur la suite de l'album, sur sa mise en chantier et sur son achèvement. Déjà qu'il m'avait dit avoir foutu le premier essai à la poubelle, fait avec qui? et donc ce pessimisme, le métier déglingué.

Il se faisait déposer aux environs de la porte d'Auteuil, et quelquefois plus près : la terrasse du Murat. On conversait, on s'installait dans l'angle, pile poil devant la station de taxis, jambes étendues, et je l'écoutais dévider le fil : mâchicoulis, lacis...

Du temps de ma toute première sixième, en latin, avec étude le soir, j'empruntais cette même rue. Il y avait un viaduc, et un bureau de tabac situé dans l'arrondi. Un renfoncement, la simple saillie et deux banquettes en vis-à-vis, le serveur en long tablier blanc. Avec celles qu'on conviait, on ne faisait pas grand-chose, n'acceptait pas grand-chose, mais c'était ça, les regards très insistants, les kilts. On s'essayait, se tâtait, au propre, au figuré ; la tiède caverne de la cafétéria prenait vers les cinq heures du soir une importance particulière.

C'est donc ici, pas loin, qu'on se retrouvait avec Alain. C'est là aussi, à l'âge de mes dix ou douze ans, que j'avais vendu une première toile. L'acheteuse était une boulangère, et la petite huile de quinze centimètres par vingt, de dix figures ou paysages, représentait un bout de la place d'Auteuil, la fontaine, ses trois grâces.

La femme avait acheté ma toile dix francs. Ce furent ensuite quelques gravures mises en dépôt dans les échoppes de Saint-Germain. J'allais une ou deux fois la semaine pour relever les compteurs et dépensais ce que j'empochais, blousons, chemises madras…

Et donc ce bel immeuble pas encore ravalé dont les balcons me rappelaient inévitablement ma « première blonde ». C'est très impressionnant une première blonde, on ne sait jamais ce qui se passe, ce que ça vous laisse, ce que ça imprime en vous, cette portée angélique de quelque chose de frais, de léger, cette abstraction ou irréalité n'ayant aucun équivalent. De quoi garder en mémoire un archétype de perfection devant être *ad libitum* le summum de la féminité, non ? Je montais chez elle, exactement au-dessus de ce restaurant récupéré maintenant pour tous les déjeuners d'affaires des sociétés avoisinantes.

C'est là que nous nous retrouvions, avec Alain. Durant nos évasives conversations, l'image de cette première blonde se superposait parfois à ses bajoues de bon musicien fidèle, tandis que de temps à autre, à d'autres tables, des femmes aussi charmantes et estivales qu'avait pu l'être l'adolescente dont je me souvenais venaient converser ou s'installer.

Il me faisait penser à Germinal, aurait pu jouer dans le film… visage noirci, venant de poser son barda, cherchant la lampe frontale. Il racontait, narrait… trempait ses lèvres glabres au sein de l'inévitable Perrier citron posé sur le guéridon. Ou bien se serait emparé de quelque pain beurré négligemment laissé par un consommateur, pensif, observant les passereaux. De temps à autre ses yeux couraient sur moi, parce qu'il faut dire que cela s'était déjà produit, qu'on s'était déjà vus, croisés… que de tels souvenirs remontaient à des années…

Plus tard, d'aucuns me le demanderaient : « Comment ça s'est passé ? » Je répondrais, évasif… tout imprégné de la sensation d'indifférence de qui avait souri gauchement, gêné de mes éternelles pirouettes : « Ah bon, tu vis par là… »

Il me croyait aux abonnés absents... depuis le temps... Là, il avait flotté, mot à mot, décousu... Je n'écoutais pas non plus, sous le charme.

Comme si je ne faisais pas partie de son univers, convié plutôt à quelque mensonger propos, moi aussi homme de l'ombre, l'espionnant. Lâcheté de ne pas vouloir en être, de ne pas l'avoir voulu... Propos, dans un dîner, qui avait fait bondir Bayon. Il n'avait pas compris, s'était mépris. Quoi de surprenant à ne pas vouloir finir comme ça ? Une phrase inadmissible. Être X ou Y, ces ci-devant chanteurs de variétés... être le « icelui » contaminé, tenu, quels que soient l'âge, la dérive familiale, financière, de se respecter dans une manière de ventriloque hautain à prestance théâtrale... et moi pas différent, tifs gris et secs, tout le reste apoplectique, blanchâtre. Oui, on se ressemblait tous, similaires un peu plus, ce type de déchéance n'étant que la manifestation de quelques dizaines d'années d'usage trop effréné du quotidien, or pour un homme public, quid des fermentations mentales (āsavā) ? quid de la décomposition du corps ?

Au-delà d'Alain, c'était tout simplement ce que physiologiquement et psychologiquement je me refusais à être, que je n'aurais pas aimé devenir, ne voulais pas. Pas un dévoué ni un dédié, même rock, pas un de ces baladins à peau tendue recevant encore des lettres de fan au-delà de la limite d'âge. J'avais en tête combien j'en avais reçues moi-même, consciencieusement gardées, et durant plus de trente ans, dans les tiroirs fermés du bureau métallique d'une secrétaire d'EMI, en attendant qu'un coup de baguette magique fît de moi ce baladin. Régulièrement je devais en emporter quelques cartonniers pleins. Je n'ai jamais répondu.

Quand, dans ce salon de thé, je levais les yeux, il était là, Alain, devant moi, refermé sur lui-même, pesant, que je ressentais léger, d'azuréenne aisance ou transparence comme est «Celui qui est en règle», et s'essayant à une syntaxe problématique ou l'inventant au petit bonheur, paisible, tenant auprès de lui, au chaud, sa besace d'ouvrier comme une mallette d'expert-comptable, sacoche à sangles et à fermoir.

Un fauve, de ceux qu'on espère voir à la nuit se désaltérer... bien assoupi, mais fauve... Il était de noir vêtu, avait encore des cheveux. Ce qui ne durerait pas, mais là il était sobre, éclairé en lui-même comme par un contre-jour, tel qu'en procurent, dans les théâtres d'ombres, les petits falots chinois de papier huilé.

À l'écouter me ciseler ses aphorismes impressionnants et parfois hasardeux, revenait ce fantasme : le peindre. Et pourquoi pas chez lui, ou un sujet sur lui... j'avais le cadreur, le budget, il suffisait que j'indique le jour et l'heure, que je passe... mais trop pudique, trop prude. De même quand je me trouvais bien des années avant à la frontière de Poi Pet, dans les camps de réfugiés, lors de Royaume de Siam et des travées de terre ocre où ça crachait, ça déféquait, mourait. J'avais le boîtier et ne le braquais sur rien, hésitant, fasciné. Je voyais *l'œuvre de Dieu* dans la douleur d'enfants dont un grand nombre ne passeraient pas la nuit. Maintenant je sais : je n'ai jamais su photographier que le beau. Ici, parce qu'une telle attitude était convenablement ancrée dans le cuir du pouf à petit dossier, revenait la certitude qu'un tel faciès marmoréen, celui d'Alain, avait pour destinée d'être fondu, scellé. Je m'imaginais Rodin... J'aurais désiré cela, le restituer par le burin, entamer le cuivre dans une gravure rendant sa lèvre songeuse, son mot gardé tout à l'extrémité de la langue comme un bonbon, un sucre.

Je me délectais de ses inventions, c'était de la confiture, du miel, jus pressé d'un concept étiré puis ramené, soudé à lui... guimauve, sucre filé... alors il pouvait bien entrouvrir sa mallette. Que contenait-elle ? Je n'ai jamais su. Était-ce à fonds multiples... prestidigitateur et ses ballons de baudruche, esbroufe pour un silence et quelques artifices... les foulards vaporeux ?

Nous nous étions croisés

Nous nous étions croisés dans ma période Nikon, à un moment très caractéristique des années quatre-vingt, quand excellait Marcos aux Philippines et Mobutu dans un Zaïre grand comme dix fois la France. Des faux ou vrais tyrans couverts de peaux de panthère… le monde parfaitement viable des cartes d'identité d'avant la numérisation et des aéroports en construction, tours de contrôle à débusquer entre deux DC-8 ou les TriStar d'alors.

En 1985, à La Rochelle, se déroulait un festival. Je m'étais montré rétif et néanmoins demandeur. De sorte, on m'avait fait couvrir la manifestation en photographe, un ouvrage devait suivre, puis une exposition. Je travaillais comme les autres, avec le badge, accédant à l'estrade, un promontoire mouvant où les confrères parqués se pressaient pour immortaliser les têtes d'affiche.

Je vaquais à droite, à gauche, ayant déjà produit plus d'une douzaine d'albums. Sortie vinyle au masque d'escrime — soit *2870*. Deux colonnes de vingt-cinq… dix mètres carrés d'un magasin des Champs pour une pochette conçue à Londres… ou bien cet affichage : Lumières. L'enfant, ce communiant en noir et blanc, rappelait évidemment quelqu'un ressemblant au petit élève de la colline de Saint-Cloud. Il était là, sur le format 4 × 4 d'une centaine de panneaux, et cela jusqu'à Pigalle. Étrange, ce gosse qui surplombait les nuits de Barbès. Ce devait être Emmanuelle, alors… les films X se déployant aux pieds du petit en aube, son affiche déchirée.

Où en étais-je ?

Au festival. Durant trois nuits j'avais « shooté »… Je me souviens d'un petit homme, très sec, au menton de ouistiti : Ferré, de son prénom Léo. Il avait tout l'orchestre… Il a même entamé en remerciant le ciel et les autorités : « Ce n'est pas à tout le monde qu'on confie un orchestre… »

Peut-être voulait-il dire un orchestre « symphonique », car il y avait ce soir-là toute la philharmonie des fifres, des cordes… et qu'un pareil emprunt était une chose très gratifiante… mais on pouvait n'y voir que l'aspect déclamatoire. Dans la lumière des spots, bras grands ouverts vers *sonpublic*, totalement vêtu de noir, le crâne à moitié chauve et l'autre moitié où bataillaient des mèches hirsutes, il remerciait, glorieux, peu avare de son geste. Je n'ai pas compris, car quelle que fût l'estime qu'on lui portait, et en dépit de l'ostentatoire panache de sa prestation hors normes lancée sous les détours d'une instrumentation faite pour souligner cela, il n'aurait jamais dû remercier avec autant d'emphase, plutôt attendre, contenir, être considéré toujours comme subsidiaire, de culture accessoire… ou bien alors se taire, s'en faire l'écho, de cette plainte…

Moi j'y étais, dans le purin de cette fosse : la scène. Micros et démesure, rituel des petits briquets qui s'allumaient de-ci de-là… J'avais le Pentax, et le plus souvent, d'ailleurs, l'objectif de 50. Je tendais mon bras au quart de seconde, pleine ouverture et un rouleau d'Ilford.

Au pied des tours, je les ai tous vus devant les médias locaux : *Sud-Ouest*, *La République du Centre*… Le bassiste qui jouait avec Alain jouait aussi avec moi. J'aurais pu embrayer. Il pratiquait l'artiste depuis un bon moment et m'en parlait avec de longs silences… Didier, un élégant de la basse Fender qui avait fait *Lumières*, fin, réservé, solide. Il portait le catogan, était venu là avec sa chienne et repartirait avec les autres. De cela, il me dirait plus tard s'être souvenu : Alain, le grand Alain dans son vêtement rayé rehaussé de scintillements comme pour un carnaval, mais bleu acier… toute la tournée de Rio Grande, Didier sur scène avec son petit galure de gaucho dont il était très fier, lui et le clavier qui me serait présenté pour Matrice… Vic Emerson, qui ferait ensuite les cordes de *Madame Rêve*.

Donc les instrumentistes… et *mon* percussionniste. Très difficile de ne pas revenir à soi… comment y échapper. Ce batteur avait conçu une machine autonome qui tapait seule, en rythme… robot de ces années-là bien avant tous les samples, un instrument monumental que l'on retrouverait chez lui, planté au beau milieu d'une ferme de conception spartiate aménagée en home-studio où nous ferions quelques répétitions pour une énième version de *La Ballade des échinodermes*.

Pour les Francofolies, lors de l'après-midi des essayages et de la balance du son, l'installation de tréteaux m'avait permis de me rapprocher de celui que je n'avais pas encore vraiment remarqué ni entendu — ce qui serait toujours le cas vingt ans plus tard, jusqu'à la remise du prix qui nous réunirait place de la Bourse. À ce moment-là, il s'agissait seulement de séance de maquillage. Comme s'il était en place pour qu'un barbier l'opère, serviette autour du cou, jambes étendues, santiags au-dessus du vide, Alain reposait en plein soleil dans un siège de coiffeur laissé sur l'avancée qui surplombait la place jusqu'à la mer. M'avait-il repéré ? Il semblait somnoler, les yeux clos. Je m'étais tenu à distance. Une scène à la Sergio Leone… le soleil, le silence. Regardait-il entre ses cils, fixait-il, épiait-il ? Je ne me souviens pas bien, c'est loin mais je dois l'avoir encore, ce cliché.

Sur l'avancée de poutrelles, j'avais armé le boîtier,

fini par appuyer, cadrant en plan serré… et voilà qu'aujourd'hui nous nous retrouvions avec Alain, là, dans cette pâtisserie. Il sortait l'oreillette, écoutait. C'était ce que j'avais pu amener. J'entendais le crachouillis, le son éraillé qui s'escrimait à avancer dans le logiciel audio dont gigotait le vumètre. Lui était là, un peu et gentiment muet devant son Perrier citron… Se souvenait-il de l'entrevue de 85? de moi incognito? que nous ne nous étions pas même parlé? Il a souri : oui, il me connaissait, s'était demandé quelle sorte de bizarrerie pouvait me pousser à m'enterrer, à voyager sans cesse, à m'acharner dans l'abstraction de productions qui m'éloignaient chaque jour de ce qui semblait pour lui la seule réalité : la scène. Pourquoi ce tintouin, ces affichages, la presse, si ce n'était pas pour mettre de l'huile dans le vrai moteur, le seul, celui de la route, des premiers rangs, celui du fluide qui précédait la communion avec ce *monpublic*?

C'était reparti. Il était comme les autres, circonstancié et grave, que l'impavide serveur — trop jeune peut-être? — n'avait même pas reconnu alors qu'Alain venait de terminer une colossale tournée avec écrans géants et murs d'images pluridimensionnels. C'est vrai qu'on ne le voyait jamais à heure de grande écoute. N'était-ce pas cela qui faisait qu'on le ménageait, et puis qu'il avait eu des hauts, des bas? Sur le point d'arrêter, apprendrais-je. Oui, vers 82, après quelques échecs. Apprenant cela, je m'interrogeais, croyais au ciel…

un jour dessous et un jour non… aux configurations astrales qui nous gouvernent ou nous protègent, mais quand celles-ci… que leur face obscure nous prend… N'était-ce pas la raison de cette rencontre si tardive ? Le mal de ne pas connaître plus intimement les autres, ou plus exactement ceux qui se montraient, se démenaient sur un plateau de télévision où quelques amuseurs les faisaient tourner et jouer comme des caniches. Je m'en tenais à l'écart, de ces phénomènes de popularité, de même que j'évitais ce qui se rapportait à un domaine très proche du mien : le son. Donc des collègues… mais alors très rarement, très précautionneusement. La faute au tout début, à ces facilités du tout début : se rencontrer, se téléphoner… Après c'est délicat, on se croise, se tâte, ne prend date que lorsqu'il est trop tard, que la corde se rompt, qu'un divorce artistique… Dans le cas d'Alain la chose était ainsi, mystère de sa séparation d'avec Boris Bergman. Je m'en souvenais très vaguement, comprenant ma réserve et les raisons de ma réticence d'alors : ne pas m'immiscer dans une équipe déjà formée, une équipe existante. Ce qui avait été le cas… ne l'était plus… Bergman, un ironique talentueux datant de l'Élysée Store, sa capricieuse silhouette, jean noir et mocassins… Avec qui traînait-il ? On avait pu, durant trente ans, se serrer mollement la main sans que je connaisse aucun détail sur les errances de ses emblématiques albums réalisés à Londres avec Alain sous la houlette du cuir et du hachisch. Cela jusqu'à un dîner réunissant quelques anciens au restaurant La Gare, l'ancienne gare de la Muette, ceux des Champs-Élysées, tout au moins une partie... femmes maquillées, dont une que j'avais connue et qui visiblement l'avait omis ou occultait ce détail par courtoisie pour son époux. De grands éphèbes vieillis. On ne se reconnaissait plus, ou peu, mais presque immédiatement les traits se sont imposés sur les visages de toute une jeunesse dont le lustre avait viré à ces airs surannés. On était une douzaine. Là, à ma droite, pour qui avait-on cru devoir réserver le fauteuil ? Bergman, qui officiait aux dernières mises en forme de la loi Hadopi, une sorte de bouée ultime pour Titanic à venir. Il est arrivé tard, il quittait l'Élysée. Pas mal. On a donc conversé : « Tu te souviens de ci, de ça... », et puis un second bordeaux, quelques desserts pâteux dans de la mousse orangée. Ferait-on la promotion d'antan à chaque printemps ? Personne n'a répondu et l'on s'est séparés, taxi, goguette... On n'a pas tenu parole, mais je l'ai recroisé lors de la projection d'un certain nombre de titres qu'il avait mis en œuvre avec Alain, dont le récurrent *Bijou*. Quelques rockers amis chantaient tout ça... Paul Personne en personne, très beau, dont je m'étais dit qu'il fricotait avec la cinquantaine alors qu'il en comptait bien plus. Ou un habile bûcheron assis au bord d'un lit, qui jouait de la sèche, chantait comme Neil Young. Ou même Axel Bauer, qui n'avait pas changé non plus depuis *Cargo de nuit* du clip de Mondino.

Ce qui m'attristait était que le temps passait sans que j'aie cru bon, de mon côté, devoir infléchir ou modifier une once de quoi que ce soit. Attitude réfractaire. Ne pas avoir changé, ne me destiner qu'à certaines donnes très exotiques telles qu'évoquées dans *Territoire de l'Inini*. Ne pas avoir considéré comme nécessaire, par exemple, avec le recul, de tenter d'aller croiser Léo au pied de sa loge, sa caravane de nuit, le soir desdites Francofolies de 85. On ne se refait pas, mais il avait coulé du temps sans que je change rien, ni à mon attitude ni à mon petit esprit précis, têtu et isolé.

Voilà à quoi je pensais. Voilà à quoi, d'avoir revu Alain, tout cela me faisait penser. Ou qu'on m'eût présenté Trenet, présenté à Trenet. Trenet dont j'étais en ce temps-là, frais émoulu, admiratif et prosélyte. Trenet qui fut le premier pour qui on m'a demandé un arrangement lors d'une reprise où j'avais même tenté de réitérer mes écritures pour quatuor à cordes après la réussite d'*Orion*. Qu'avais-je choisi, alors ? Je crois bien : *L'Âme des poètes*... « leurs chansons courent encore »... Trenet, de contrat similaire et qui passait parfois dans les locaux, les mêmes, les nôtres, locaux communs et partagés de la rue Lord-Byron, de l'équipe artistique du Pathé Marconi du chien à gramophone.

Il eût suffi d'un peu de patience, d'un simple rendez-vous... mais voilà, on s'en fout... on croit que le temps sera là, patient... que ce sera le lendemain ou le jour suivant, mais tout à coup ces gens ont disparu, sont morts et enterrés. Le mot fait peur, mais c'est ainsi. Les trouvait-on trop colorés ou caricaturaux qu'ils ne sont plus, ces artisans de la petite broutille des rimes, ces petits tailleurs du «cinq d'un coup». Là, ils se sont dissous, enfuis. Et bien sûr les meilleurs. On se dit que c'est trop idiot... les quelques-uns auxquels il eût été possible de s'adresser plus sérieusement afin de les mettre en garde, les secouer, leur dire la vérité, plus... non pas pour le plaisir mais pour leur bien. Brel qui hérissait le poil, lui et tous ses jeux de scène... tout à fait l'archétype du trait forcé — mais tripes de l'auditeur, courage de l'auditeur — en sorte de blanc et large panache que tous les bretteurs d'alors lançaient vers *monpublic*. Aznavour également, à vanter ses «sponsors», costume de chez Untel, cravate machin... Et pourquoi pas? No règle. Je ne critique pas, je songe. J'avais même espéré qu'il entreprît un texte totalement inédit que j'avais gardé pour lui. Bien qu'il exerce sous le même label et que ses séances fussent en partie exécutées dans le même studio, que l'assistante qui coordonnait cela fût, chez EMI, alliée et confidente, le message n'est pas passé. Des stars inaccessibles, étanches. Le relais avait changé, n'existait plus, ou pas comme ça. On se rencontrait « sur le lieu de travail » ; de la même manière, c'était dans la nuitée des petits hôtels, lors d'une tournée ou d'un plateau de télé, que se confirmaient les rapprochements de générations distantes les unes aux autres et désormais froidement différenciées. Fini, qui s'en allait frapper, très jeune, chez quelque Montherlant de l'entre-deux-guerres pour y apprendre à débuter sous les meilleurs auspices et y connaître l'humilité, y pratiquer le contraire de l'irrévérencieux… Je me suis rappelé Brassens, sa bonhomie, le suivre au long des petites virées à la campagne et estimer des événements tout à fait sains et respectables en toute indépendance, le cercle proche… Même chose à l'International : aisé, en ces temps-là, de croiser Lennon ou McCartney, de se rendre à Abbey Road… Des patrons identiques, des studios en commun. Tout le monde avait les mêmes — les leurs, les nôtres. Des contrats élastiques, à cinq points, et pas sur le détail… c'est-à-dire rien, de quoi se payer un gueuleton. Ce qui m'est revenu en tête en songeant à Julien, la voix d'or de Julien, le Julien Clerc inchangé de *Yann et les dauphins,* que j'avais retrouvé pour la sortie de *Comme un Lego,* le mien, avec gospel, ma version officielle, ma mouture personnelle six mois après la parution de celle du vénérable Alain.

C'était pour *Paris Match*, un entretien croisé. Julien enjoué et parfaitement bouclé comme à ses tout débuts. Il livrait son album, moi le mien, ainsi que nous avions dû de la même manière, le même jour mais quarante ans plus tôt, en 68, sortir nos deux premiers quarante-cinq tours ensemble, *La Cavalerie* et *Animal*…

Je n'y croyais pas moi-même, à ces resucées, au soleil, chez EMI, dans les bureaux framboise du petit salon carré où ce seigneur félin et Romina-grobis terminait l'itv. Il en sortait en s'étirant. Il est peut-être bien parti d'un de ses rires fracassants.

Pour *Match* on venait de parler trois heures, il en resterait à peine une double page. Je le regardais, ému. À tant d'années d'écart j'étais le groupie de Julo… comme je l'étais d'Alain… de l'autre côté du miroir… ce qui fait qu'on est la star ou le chauffeur de la star… en s'en foutant… ou pas tant que ça… observer à distance… à ruminer, gommer… car il faut tout gommer pour vivre en paix avec le monde, avec soi-même, l'Inde et les bas-côtés. En conclusion de pareilles réminiscences j'avais dit à Julien : « N'être ni acclamé ni applaudi. »

Ce à quoi j'ai eu droit au rire tonitruant.

C'est raconter sa vie

Comme un Lego, c'est raconter sa vie.

On se noie dans son propos : par quel côté, quel axe ? Où s'est trouvée la particule, la peau de banane, quel jour ?

> *Voyez-vous tous ces humains*
> *Danser ensemble à se donner la main...*

Le tableau, c'est *Guernica* : à peine lève-t-on les yeux au-delà des pans de bitume qui signifient que la cité est là, qu'on se dit qu'on repartirait se coucher, que ce serait bien mieux. Et pour autant on est quelqu'un de précieux, d'une nature positive, inventive, on sait ce qu'on porte en soi.

Imaginez qu'il faille répondre de façon simple.

Eh bien l'on répondrait ceci : que l'inspiration vient en marchant. Napoléon, César, tous les grands noms seraient réunis en un même lieu pour établir ce processus du fluide avec la terre, qu'ils devraient en convenir : ils marchaient... Un trottoir sur le monde, des pas dans leur mouvement, le brouhaha circulaire, permanent, la ruche de la motivation vous bourdonnant dans les oreilles.

Unité de temps, de lieu... chimères se matérialisant, la petite virée dans les brasseries des environs, bien sûr au lever du jour... *Lego* en un seul jet, *Je tuerai la pianiste...*

L'interviewer se tenait dans un café, semblant trouver cette farce très amusante, un cas d'école. L'homme qu'il avait devant lui était le nouveau Jeanne d'Arc et l'affirmait, jubilatoire, glosant... oui, il entendait cela : des VOIX.

L'inspiration serait-elle une monstruosité crachant ses rimes comme le jus de canne? ciselant ses pontes en arabesques pour insouciants rubans thuriféraires, fonte inconnue des hiéroglyphes, des glyphes? Les mots, les mots et leurs syllabes... le fiel de ce qu'ils contiennent ou ont contenu — qui parle?

Et c'est ainsi que le chant de pareils espaces s'ouvre et s'ébruite, ruisselle, s'irise, se teinte. Si vous racontez cela, bien sûr, on ne vous croit pas, le matériel n'aura plus de pile, l'article sera tronqué. Mais vous relisez ces strates, l'empilement des brouillons, des notes, vous les aimez et vous les respectez car ils sont ceux du songe, la manifestation de ce qui *n'est pas*, ou pas encore. En fait, «l'imbrication, l'implication»... Voilà, c'était ainsi... Peut-être la croiserez-vous plus loin, cette déité qui vous a fait la courtoisie de vous enseigner la plus élevée jouissance qui fût et qui s'appelait : «soleil de la divulgation»... Personne n'aura accès à cela. Il faut rester inerte, et ces objets éparpillés présentent alors une pâte comme furent les éléments de *Comme un Lego*, petits hommes «luisants dans des chemises», incohérents et inhérents à leur incohérence.

Tout le monde laissait des SMS : un album magnifique... Lequel? Celui d'Alain... Depuis très longtemps, c'était un processus en place : prendre une page au hasard, un morceau de texte quelconque arraché au récit. Plus d'une centaine de bribes envisageables... les bonnes à terminer... ainsi elles se pressaient, ces éventualités, en une foule disparate faite de paperasses identitaires, comme on navigue sur les abords d'un lac, qu'on sort les avirons, qu'au fond de l'esquif un petit fumet est prêt, qui s'éparpille en énoncé très équivoque de ce qui doit contenir tout.

J'utilisais l'Adat, donc les cassettes huit pistes. Il fallut en remonter un plein carton, rebrancher cet appareil et connecter l'ensemble afin de numériser ce qui pouvait l'être encore. Refaire, ne pas refaire? Devant ce dilemme, face au défi de remettre en marche un magnéto ancêtre du numérique, un outil obsolète, j'ai tenté l'impossible : m'organiser. Très large et très profonde surface : le plan de travail sur lequel j'avais posé l'objet, sa face avant noir émaillé. Les diodes sont allumées. Très bien, alors un casque. Chercher le script... Il devait y en avoir... ou sur une feuille à part ? Je gardais tout... bravo !

J'en arrive à *Vénus*, la piste dédiée, le time code... unique essai que j'étais certain de ne pas avoir sécurisé ni même réécouté depuis que cet engin s'était bloqué, affichant des erreurs.

Tout cela dévide, s'enroule... une émotion, les stries, et je la revois elle, *Vénus*, dans la candeur de ce qui nous fut donné, ôté, peut-être débranché... Saisir une feuille dans le tas : gilet de sauvetage, trousse de sauvetage... l'affaire allait tourner à une vitesse phénoménale... le rouge est mis : un *mi* mineur, guitare à portée de main... descendant dans le boyau, Germinal moi aussi, et instantanément :

« *Là, un socle trompeur... clairière amie qui vous brûlerait la peau... elle est née des délices, Vénus... la seule à éclairer la nuit...* »

Et tout a défilé : on ne sait comment un tel système de répulsions ou d'attirances peut apparaître, d'où celles-ci ont surgi, ragaillardies de savoir qu'on a eu le tort de les laisser à ce point inemployées. De quoi seraient-elles les héritées, les irritées ? De la fièvre de quel rêve ? Je plaide coupable : c'est très exactement lorsque je ne saisis pas, que je bute, alors la chose est là, devant moi, et incompréhensible. C'est lorsque c'est abscons, touffu, que je me mets à inventer. Énigme dédiée à qui « n'a jamais eu sur lui la plaie profonde». Allais-je réécouter, privilégier ce qui par sécurité fut conservé : «*Pomme d'or, pêche de diamant... et ces cerises qui rosissaient ou rougissaient lorsque deux doigts s'en emparaient...*»?

De quoi retrouver Alain devant son thé vert, bien engoncé dans un des petits fauteuils de ce que la pâtisserie appelait son «salon de thé». Il découvrait cinq titres, où la difficulté avait été de restituer la chose dans son entier. Devant lui, j'en ai les larmes aux yeux. La prochaine fois ce sera lorsque sa voix de rocaille fera renaître une impalpable substance évanescente en direction des premiers rangs de la salle de l'Olympia. *Vénus* transfigurée à la splendide élocution de qui ne la savait pas, ne la connaissait pas. Y aurait-il jamais eu une émotion semblable, ou tout au moins pour moi? une instrumentation si obsédante, si envoûtante... ce texte revisité, son énoncé *chanté*, *émis*, comme si de la fosse qu'est la lecture mentale avait jailli cette exception audible et transmissible, aussi semblable, dans sa structure universelle et magnifiée, à la suivante, la seconde devenue la primordiale : la musicale.

Nous n'en étions encore qu'au terre à terre, le partage des titres comme on découpe une tarte ou une galette des rois... la signature des ayants droit, quelque éditeur faisant valoir sa décision d'incorporer dans tel ou tel travail les avancées compréhensibles de collaborateurs plus jeunes et pour lesquels une telle initiative de l'étiquette ou des crédits serait opportune. J'ai accepté que l'on intervienne sur cette *Pianiste* pour n'en garder que le texte. Ou d'amputer *Vénus* d'un quart... mais pas *Lego* car, là, il eût fallu, si l'on avait touché à ce soufflé d'un sixième d'heure ou de six cents secondes, me passer sur le corps. C'était la fin, le début, l'apothéose d'une chasse au Snark... Alain ferait preuve ensuite d'une magnanimité inestimable en le mettant en chantier, ce titre qu'il me dirait avoir craché ou évacué d'une traite, au studio, lors de la prise définitive, faisant cela d'un souffle, d'un coup... et même qu'il n'aurait certainement pas pu, vu la tension l'ayant saisi et habité, exécuter ce marathon une seconde fois... un mille-feuilles intégral, sans coupe.

Dans mon songe immobile, dans mon attente à le détailler sans transpercer sa chose, son monde, son envergure d'impénétrable splendeur druidique, j'imaginais maintenant, commençant à y croire, les voir se formuler, se matérialiser ces trois ballades flottantes et suspendues, trois bulles au-dessus du vide... et la délicatesse de ce *Voyage en solitaire*, repris en dernière plage valide et musicale...

Parmi ces SMS

Parmi ces SMS, ceux de Pierre Lescure, de Djian… Tous des fidèles, donc des marques de bravoure à la surface d'itinéraires très éloignés et très divers, dans des avions, New York, Tokyo… ce qui me faisait chaud au cœur. Ou Starck, l'éternel cancre aimé des dieux qui se permettait d'appeler en plein milieu de l'après-midi, un samedi? un dimanche? de faire le pitre en ne cessant pas ses cris d'orfraie modulés et jouissifs : «Subliiime, subliiime!»…

Légèrement excessif, mais après tout, dans la famille surdoué, tous les critères diffèrent, non? Ce chérubin adulte digne d'une toile de Poussin, que j'imaginais les joues gonflées soufflant ses petits nuages violets vers les arrières orange d'une Rome antique reconstituée chez lui, continuait par : «Entends-tu bien ce que je chante, sur quoi je chante?», pour finir en braillant : «J'ai marché, j'ai marché, j'ai marché, j'ai marché…»

Le Pays de la liberté, donc. Et il concluait cela

tout en s'époumonant : « Allez, je te laisse, je préfère écouter *le vrai…* »

Le vrai ?

Starck avait-il raison ? habité de la prescience qu'ont les redoublants compulsionnels, les évasifs qui voient parfois parfaitement juste ? Je me suis regardé, tâté les joues, le nez : n'étais-je pas le vrai ? Jolie formule. Est-on le vrai dans sa vie ? dans ses œuvres ? Est-on l'autre, l'invisible ? Et donc, celui qui s'exprimait sur le CD de Manitoba dans l'appartement kitsch au sein de la nef en proue juste au-dessus du palais de Tokyo, celui qu'on entendait parfois des matinées entières dans la navette spatiale entourée de plantes fluorescentes et de canapés de fourrure, l'appartement de Starck, justement, à deux pas du Trocadéro, ce serait lui le vrai ? inclus dans la pâte brune, le Manset des vinyles, celui qui sans discontinuer continuerait à dérouler les stances interminables du *Jardin que je sais…*

Alain et moi : je le lui avais dit : en boîte, le mien. Il en avait accéléré ses harmonies, mis en action le texte intégral ayant tout de même deux phrases omises et deux qui différaient — découvert par la suite lorsque je récupérerais son *test-pressing*, croyant que la chose ne verrait pas le jour avant un siècle.

Il faut remonter plus en arrière. Ce devait être en été, au plein cœur de l'été, plus de six mois en amont, et encore plus avant la sortie commerciale, sortie dont à l'époque personne n'aurait pu dire quand elle se produirait, car l'être à costume sombre avait déjà passé par la poubelle un certain nombre de titres. Après des mois de studio — ce qui n'est pas rare pour les appétits gargantuesques de quelqu'un qui n'avançait qu'à l'aveuglette — il en avait conclu : «Je te montrerai où ça en est...» J'allais donc découvrir la petite allée de Barbès, la seule rangée de Paris où les bâtisses affichent des numéros aléatoires, leurs écriteaux plantés au petit bonheur, comme au loto, le 6 avant le 2, le 12 après le 24...

Des cagettes non vidées, l'obligation de descendre puis de remonter par l'une ou l'autre des rues poisseuses n'étant encore, peu de temps auparavant, qu'un ramassis de taudis et de maisons d'abattage. D'un coup, voilà que ça s'illumine : commerces normaux, sans narguilé ni empilés de tapis et de bric-à-brac ornés de volutes. Un simple renfoncement, la porte blindée qui interdit l'impasse. C'est une allée privée, mais à Barbès. On est surpris, d'autant que le code ne fonctionne pas. Comme l'homme au doulos noir ne répond pas au téléphone perso — système qui lui permet de filtrer — il faut remonter la rue et rameuter, crocheter le veston d'un petit vieillard couleur locale, endimanché, précieux, qui se gratte la barbe en observant.

Le code, n'est-ce pas?

Un sourire amusé. L'homme sort un bout de

papier, le lit. J'appuie sur quelques chiffres et la caverne d'Ali Baba grince sur ses gonds, le portail s'écarte. Alain serait-il présent, irions-nous travailler? qu'avait-il prétendu, signifié, qu'avait-il proposé, et cela à l'aide de quel particulier sous-entendu?

Maintenant qu'il n'est plus là, on reste très incrédule sur de pareilles hésitations, de tels atermoiements. C'est une légende, bien sûr, mais il ne l'était pas, et qui croirait qu'en ces instants pré-Bleu Pétrole il s'agissait à ce point d'un être dubitatif refusant l'adhésion ou écartant de lui-même la moindre velléité d'autorité. Et donc respectueux, et avant tout de ce qui n'était pas dit, d'où les malentendus et les sourires à demi, les reculades. Or il fallait tout de même trancher à un moment ou à un autre, alors il s'enfermait, comique, dans des points de suspension, oscillant, indécis, ne proposant rien ou quasiment. À ce point qu'il m'avait même fallu demander s'il avait chez lui deux guitares sèches ou si je devais en amener une. Il n'avait pas moufté, pas répondu.

Là, je remontais l'allée, je regardais les façades... On aurait cru un coin de chantier abandonné, un morceau de sente brisée avec des habitants mystérieux et absents.

Alors la petite maison : « Tu verras, pousse la grille... »

Cela s'est produit : dessin d'enfant, une chaumière

du passé, toute courte, toute rigolarde, et ses massifs de groseilliers, de tulipes, ses rosiers épineux, ses flûtes en petites corolles.

« Tu sais, j'ai acheté ça à un moment... maintenant on ne pourrait plus... », avait-il dit en s'excusant d'une telle entorse à ses idées. Le luxe, la possession... puis il me fait entrer dans un salon de poupée. Quelques sièges atypiques. Un musicien entre ou descend, d'où, de quel appentis ? propose de ne pas nous déranger, de quitter les lieux. Un manager en herbe, secrétaire ? assistant ?

Nous voilà tous les deux, moi sur une chaise de métal rouge, Alain dans un fauteuil, mais de ces fauteuils qui ont tout vu, tout supporté de la dèche et des nuits blanches. Il paraît mal à l'aise. Je souris benoîtement. Il propose du café, se lève, décroche d'une étagère une simple cafetière en fonte. Tout cela comme le musée d'un petit pécule de prolétaire transformé en broutilles, le déballage d'un vide-greniers avec, si je me souviens, une large liseuse d'osier et des meubles de jardin. Les murs pas nets. De petits objets dans tous les coins, par terre... Et cette cafetière — n'a-t-il jamais tenu une cafetière, quand va-t-il la poser ? Le sifflement de vapeur emplit la pièce. Il verse l'eau bouillante dans deux gobelets dépareillés, nous sommes en chiens de faïence, chope de café en main, et puis il n'a pas de sucre, gêné.

Comme il ne se passe rien, l'ayant laissé qui

méditait devant la boîte vide quelques instants, j'avance un pion :

« Tu me montres ? »

Approche très raisonnable de ce qui n'osera pas se dire, ne se déclare pas, nous tient ainsi, nous garde ainsi, au chaud, dans un monde de pudeur, ne sachant quoi faire, quoi dire. A-t-il peur de décevoir, de ne pas être abouti, terminé... On a tous nos travers... Sur le visage d'Alain se lit maintenant une évidente jubilation. Il est chez lui, se coule en certaines poses et attitudes de chat. Il est peut-être un chat, d'ailleurs, comme certains sont l'objet d'une réincarnation furtive. Il est chaleureux, ne le sait pas, avance un bout de la patte, la retire, estime, ne finit pas. Il sort quelques démos. Je vois sa guitare contre le mobilier de bois blanc. On imagine qu'elle pourrait venir de l'intérieur d'un camping-car. C'est un peu ça, ce serait son mobile home, la petite bicoque ensoleillée sur deux ou trois niveaux qui font chacun vingt mètres carrés. Plus on y songe et plus d'ailleurs ils rétrécissent, ces mètres carrés, s'approchent des murs rouge sang en un poème psychédélique où s'aperçoit, au fond, un escalier étroit, morceau de colimaçon qui monte vers un étage. Y a-t-il un lit là-haut ? Descend alors, par cette spirale, Chloé, sa femme, attifée, maquillée, sourire de blonde des épopées américaines ou du Fellini de La Strada, une rodéo-woman gentiment accueillante, chaussée elle aussi de ses santiags, qui tend une main précieuse, propose d'une voix charmante de nous laisser travailler.

Alain a donc posé devant lui un modèle de blaster comme j'en avais déjà remarqué peu de temps avant sur le rebord d'une cheminée d'un loft derrière Bastille, au fond d'une cour, au bout de ce genre d'impasse où l'on imagine vivre un chaloupeur brasilero-latin, pièce farcie d'appareils, instruments de culturisme...

C'était chez Lavilliers, touchant de sensualité, empli de toute la fraternité des choses de la salsa ou du bandonéon. Guitare à cordes nylon et tout un tas de bricoles en percussions discrètes. Nous avions écouté sa dernière production. Un son très chaud, très beau, dû en partie à un lecteur gros comme une courge ressemblant à ces melons verts qui ne se trouvent qu'en automne... or chez Alain c'était un modèle identique, avec basses amplifiées.

Il m'a fait écouter. Il a tenté plutôt, car a surgi ce détail : à peine venais-je d'entendre les premiers mots, exactement deux phrases, que j'ai fait signe d'interrompre.

Il s'est exécuté, intrigué. Le son était magnifique. On parlerait désormais d'« empreintes vocales » plutôt que digitales, m'étais-je dit *in petto*. La raison évidente de ma réserve à l'écouter plus loin était que si d'aventure le titre ne se trouvait pas sur la galette finale ma déception en eût été trop grande, car très impressionnant, ce test, ce bout de couplet. Il commençait le « boulot » ; il n'en était qu'à rassembler des bribes, hésiter, mettre en ordre, choisir en avançant, un jour oui, un jour non.

Il eut un geste vague, montrant le Neumann planté au beau milieu de la pièce. Un guitariste venait le visiter chez lui, et un preneur de son… on enregistrait sa voix… du cousu main. Il refaisait l'intro, tâtonnait, me confiait devoir rajouter un *sol*, peut-être…

J'ai dû manifester très précautionneusement mon enthousiasme : « Cette voix… montre-la-moi plus tard, dès lors que tu seras certain… »

Avait-il bien saisi ? Interloqué, il me regardait, gêné, la main sur l'appareil.

On a repris un café. Il a parlé de sa fille, que quelqu'un emmenait tous les matins pas loin, l'école primaire… Elle a six ans, sept ? Il en était heureux, car après tout, à cet âge-là, être père, n'était-ce comme un début, un semblant de création ?

Rayon de soleil, puis nous sortons. Je me trouve alors en haut des marches et j'inspecte le jardin. « Tu n'as pas peur pour elle ? » Je voulais lui signifier, désignant du menton une butte très encombrée ne se distinguant pas bien et par où s'engageait l'extrémité de l'allée, qu'il y avait certainement un risque à s'avancer par un lacis pareil, dans une faune de cette sorte, chiens, chats, drogués en poste, poubelles… J'avais dit cela pour elle, sa petite enfant dont je ne savais le prénom… désolé qu'elle allât, même tenue par la main, dans une pareille tour de Babel.

Voilà comment on aurait pu

Voilà comment on aurait pu lui faire la dédicace : «À l'homme qui dirige tous les soirs neuf cents fauteuils de velours.»

Il m'a fait visiter. Lescure. On ne pouvait pas en rester là : Obok, puis Bleu Pétrole, maintenant Manitoba. Et quelques semaines avant, l'envoi d'un de ses messages, trois pages qui concernaient Alain, l'album, évidemment ce titre : *Je tuerai la pianiste* !

Pour accéder à son bureau-grenier, lui aussi en saillie tout au bout d'un couloir, il faut franchir des cagibis, des coffres, d'autres locaux informes et perpendiculaires à quoi? incohérents, qui donnent sur la verdure, quelle vue!

C'est joliment placé, à moins de cent mètres de l'Élysée. Un coup d'œil circulaire, sur une desserte trône une photo en noir et blanc d'un satiné splendide. Alain entièrement nu, tenant une guitare — tenant *sa* guitare, *sa* Gibson noire à frettes nacrées

— plaquée sur lui, plastique morphologique des années Pierre et Gilles. Quand donc était-ce ? On retourne le cadre, inspecte, on lit un nom : Schroeder... Connu au bataillon ? allez savoir... De 1985 ? l'heure des Francofolies et de la vénération pour le matériel pop ?

J'allais y venir, me mettre à raconter les différents chapitres de la saga Bashung, mais sans attendre mon hôte me fait m'engager par les sous-sols, sauter du coq à l'âne, dénicher les mansardes de ce qu'il vient d'obtenir de la part de certain industriel qui ne le savait à ce point féru de théâtre. Il m'apprend donc qu'il s'y rendait régulièrement avec sa mère, son père, tout petit, avait connu tout cela très tôt, levers de rideau et Opéra...

Car pas de fumée sans feu : meneur de jeu, prolixe. C'est que nous avions rarement parlé de façon aussi intime. Il adore ça, le poste ou pas, la TSF ou non, raconter, développer...

Et nous voilà qui continuons sous les lambris : ma veste de toile vert d'eau, ce spot qu'on voit maintenant, et piraté... la séquence dans le brouillard d'une serre sous les hivers de la rue Cujas. Mais il ne termine pas : regarde ! Ébloui lui-même par le changement de décors en enfilade d'un sombre Palais des glaces multiplié... car ce théâtre pourrait ressembler à une coquille toute matricielle et intériorisée... une sorte de Chantilly de rondeurs et de faux balcons, de stuc et de renfoncements artistiquement coulés afin que les petites familles s'y débarrassent de leurs atours dans la licence du rêve.

Il en jubile, enchaîne... Revenant sur RMC, le Sud, il me confirme avoir vécu un certain temps avec une artiste de haut vol, une comédienne... Bardot? non, juste en dessous, dit-il, juste à côté, donnée pour fantastiquement belle. Lui? avec sa bonne et fascinante mâchoire d'habitant des hauts-fonds revenu de l'époque *Enfants du rock*? On avait oublié... Le dessus et le dessous d'un Wimpy... sa langue comme une tranche de bacon... un bacon qui sourit, ravi de ses inventives réminiscences dans un passé qui nous a vus qui sillonnions ensemble la rue Lord-Byron.

Sur ce qu'il avait connu de très coloré ou de très inattendu, il rebondit sur elle, cette élégante du septième art qu'il fréquentait assidûment, me narre la chose suivante : sous le tunnel de Saint-Cloud, l'actrice qui croise une toute jeune fille ayant crevé, en train de changer sa roue, de nuit, au milieu des camions, et qui la fait monter d'autorité dans sa Mercedes grise dans le but de la déposer à la prochaine station-service... sans même savoir qu'il s'agissait de la fille du grand patron de la NRF et de *L'Infini*, Antoine, célébrissime fils de Claude Gallimard, furtif et étonnant lui-même, le plus souvent en alpaga vaguement froissé, l'air attendri, ailleurs, deux rides en fines virgules si sympathiques sous les paupières.

Comme quoi, le hasard quelquefois... Sans qu'il

m'en donne la conclusion, dudit hasard, Lescure me fait maintenant passer par les gradins les plus élevés. Tout est mystère, recoins... Nous y sommes seuls, dans ces espaces tendus de velours, c'est très impressionnant et sombre. Tout en dessous de nous brille désormais une solitaire et une unique ampoule faiblarde pour éclairer la scène, la fosse : « Hein, tu ne t'y verrais pas ? demande-t-il. Vois-tu comme c'est profond et ample... hein, tu ne fais pas le rapport ? », susurre-t-il derechef, câlin, s'approchant davantage, à m'enserrer par les épaules comme un frangin.

Il proposait que je vienne quand je le voudrais. Il envisageait cela, l'avait rêvé. Et les souvenirs nous sont remontés. Passant une nouvelle fois les corridors de trente centimètres de large, les morceaux de combles et les penderies défaites, les placards de toutes sortes, on a rendu hommage à de pareils lieux n'ayant pas pris une ride, avec leurs souterrains, leurs toits... Nous nous sommes retrouvés devant un gardien en manches de chemise saluant très gentiment et qui, voyant qu'on s'éloignait par les graviers et les massifs, nous a fait signe : bye bye...

Où se rendait-on ?

Au restaurant chinois dont Sa Seigneurie m'avait dit : « Tu vas voir, c'est intact. Seule la patronne, bien sûr elle a changé... »

Le Tong Yen, évidemment. Rien qu'à prononcer

le nom on se retrouvait projetés dans d'autres appétissantes coulisses, celles de cet Olympia d'une époque révolue, celui de Lucien Morisse… Comme du fond des abysses resurgissait un bloc d'argent : Tong Yen ! où défilait le show-biz en 70 ! Lescure s'y rendait-il avec Alain ? On a parlé de Roda et de Pathé Marconi… on évoquait Philippe, le ténébreux des éditions Eco, très mince, amateur d'Africaines, qui a laissé douloureusement son nom : le prix Constantin.

On est restés à converser jusqu'à quatre heures de l'après-midi.

J'avais en tête une plage de pub pour *Ô Amazonie*. Donc imprégné des inflexions vocales et ce qu'elles supposent de charme implicite, où en surimpression venait se plaquer le lent et chaleureux débit du compagnon d'antan me déblatérant toutes les sornettes des quinze années passées. Sornettes chargées de délices. Il ne se rendait pas compte, il fallait le lui dire : quelle voix ! la tienne mon vieux ! N'était-ce pas l'heure de son « recording out » ? car lui aussi, comme quelques-uns dont la chaleur des basses faisaient tressaillir le monde de la communication et des médias, avait un timbre magnifiquement placé, caverneux et complet, chargé dans les médiums… trois fois le velours d'un Jean Sablon, dix fois le pot de miel de l'indéracinable à costard clair et panama ayant chanté *Zorro* et *Syracuse*…

Il a souri — et à nouveau le sourire en deux parties de sandwich. Un dessin animé à lui tout seul. Quelle trajectoire! On a parlé d'Alain, bien sûr — en fait, n'ayant parlé que de ça quasiment tout le repas. Canard laqué pour moi, et nouilles sautées pour lui, lui qui venait d'hériter du théâtre Marigny.

Être tiré des mois plus tard

Être tiré des mois plus tard du songe de l'écriture par une sonnerie de portable un dimanche à midi. Pourquoi ne l'avais-je éteint?

Cela grésillait, de très loin. J'ai cru reconnaître, en les lisant, les numéros de la fin… Alain.

Il avait dû savoir : je pensais à lui, à ce texte.

«Je te rappelle sur le fixe.»

Là, il a décroché, pas très vaillant, bien sûr. Car entre-temps, depuis ce bref printemps huit mois plus tôt, il s'en était passé. On sait : la maladie, on imagine ce qui peut se produire de très inquiétant, en lui, au fond de son être.

Au figuré et au défiguré. Juste avant d'en parler, force fut de citer la douloureuse stupéfaction ayant été la mienne des semaines plus tôt.

Le Wepler, à nouveau.

J'avais reçu son album, m'étais coulé d'un coup dans les trois titres étant les miens, la part me concernant. Vite rassuré, en fait. Je me revois amolli… posté devant mon bureau au-dessus de la rue tandis qu'il faisait nuit. Ce n'est pas mon heure. Plutôt en train de conclure une onirique poursuite de conception plus romanesque, sur le point d'aller me coucher. En l'occurrence je dors. Là, je ne le pouvais pas : minuit était passé et j'écoutais *Lego*.

Quelle immersion... un doux rouleau de bitume, ce roudoudou noirâtre luisant comme un réglisse, ruban hallucinant sur huit minutes ou plus... Qui aurait accepté la dimension ou dispersion d'un monument pareil sans en retrancher, sans en couper un peu? Alain seulement pouvait se permettre un tel paquebot sur l'océan des mots et des concepts : *Comme un radeau... comme un fardeau.* Et j'entendais sa voix, dans ma nuit parisienne, casque sur les oreilles, aligner un à un les précipices de mon abstraction lyrique grandis et anoblis! Ouf! jusqu'à y percevoir certains termes chaotiques qu'il me semblait pourtant ne pas lui avoir livrés... «U-ne portion de frites.»

J'ai repensé à Bayon. Il allait prendre son ton grinçant pour me le rappeler : «Je te trouve gonflé de filer des titres à celui dont tout le monde t'a entendu prétendre que tu ne voulais pas "finir comme ça"!»

Monsieur le déontologue. Et pas la première fois. Du temps où je devais être un des rares habitués de son petit appartement rue de Flandre où il fallait tirer «la chevillette et la bobinette cherra» et activer le clapet en métal repoussé — parquet ciré, pièces vides — c'était déjà le discours d'un incorruptible ricaneur qui arborait le tee-shirt du nihiliste en tout, du rigoriste ne gardant aucun papier ni aucune trace, ni EDF ni rien. C'était sa solution, aplani, déblayé, ne voulant que son Underwood sur laquelle il tapait, se plaignant du bruit et des voisins, familles «éléphantesques» déménageant ou faisant la valse au-dessus, de jour, de nuit.

Il n'avait pas changé, ne changerait pas. Certains fixaient le curseur et ne le déplaçaient plus. Avec qui vivait-il? sévère pour chaque sortie d'album, terré comme si c'était une avanie que de côtoyer quelqu'un avec lequel, à force, des liens pouvaient se créer. Sur la petite cheminée trônait un tourne-disque, une platine de l'époque. On se demandait toujours si son saphir tiendrait, c'est qu'on était entre ses mains — donc ses oreilles —, que son ton ou son jugement étaient le mètre étalon. Il chroniquait Lumières et à la suite Rio Grande. Comment, à travers lui, n'avais-je tenté encore une fois de croiser Alain? Nous l'évoquions lors de nos déjeuners dans les gargotes chinoises des environs. Une soupe de nouilles... Royaume de Siam dans *Rock & Folk*, et à la suite Comme un guerrier. Chaque fois le couperet : une page entière, quelquefois admirable. Pourtant peu avaient droit aux honneurs de sa plume, le capharnaüm de mots préfigurant un «name-dropping» anglo-saxon. On me le citait : «T'as vu l'article?... »

De toutes les manières, ils étaient trois, soit la garde rapprochée, les deux frères Armanet, Bigot et lui. Ce qui faisait quatre. J'ai tenu un certain temps, de Brésil en Amérique latine où à quarante-cinq ans tout le monde m'en donnait trente. Pas moi seulement, mais également aussi quelques croisés du même tabac.

Cela a duré... dans les douceurs ou par les petites boutiques de gelées sucrées et d'autres choses toutes enveloppées de tiédeurs et de sentiment. Aucune n'a jamais su nos âges. D'autres détails de plage, de sable... Parce qu'on procède d'une vie et pas d'une autre. Celle de Jean-Louis Aubert, d'Alain, bien sûr j'aurais pu le faire, su le faire, et l'assumer si j'avais eu le loisir, le temps, mais c'était autre chose, on est dans un wagon ou dans un autre, sachant qu'il faut se presser, donc en saisir un peu, de cette fuite, de cette délicieuse mélasse qui colle aux doigts.

Car quoi qu'on fasse, touché par le dénominateur commun du blouson de cuir et de la dégaine de faux James Dean. Ceci jusqu'à ce qu'on me l'explicite à l'heure d'Obok, très certainement chez un marchand de chaussures ou de solderies diverses déballées sur le trottoir... Il hésitait, ce vendeur, me voyait retourner ses nippes, fouiller dans le présentoir. Là, il interrogea : « Que désirez-vous ? » Et puis : « Je crois vous reconnaître... ne seriez-vous pas ? mais si, ce Belge... »

On me prenait pour Arno.

C'est qu'on est tous pareils. Ou chez ce marchand de primeurs... à cent lieues de me douter que la femme derrière mon dos, extasiée, comme gagnée d'un frisson, voyant que je lui proposais très cordialement de passer devant moi, allait clamer ceci : « Merci, *Monsieur Higelin* » ! l'articulant du mieux possible afin que je réalise qu'il n'était pas question de tenter l'esquive, qu'elle m'avait certainement reconnu, que ça ne prendrait pas... Elle eut même un sourire... ravie de ce qu'elle avait devant elle d'incognito et faisant la queue comme l'aurait fait tout un chacun. Ne voulant pas en démordre, elle avait ajouté... « Oh ne vous embêtez pas, j'ai bien compris, vous ne voulez pas que ça se sache... bien sûr, un habitué de cette épicerie... »

Higelin, que j'avais vu la veille, de nuit et par hasard, à une fête chez EMI...

Quitter la place sans même répondre ni ôter ses Ray-Ban ? Touchant et affligeant. Où se rejoignaient bientôt dans une même nasse de crasse la poésie tantrique et les douleurs de dos. Être et avoir été. Avoir été l'été, connu l'été. Surtout se voir changer... vapeurs incandescentes de l'immobilité que connaissent les artisans de la scène et du spectacle, non, je ne le voulais pas. Et pas non plus les pâmoisons ou encensements injustifiés, sachant que les mêmes qui saluaient l'un allaient la semaine suivante voir l'autre, applaudir l'autre, en fait n'importe lequel, le premier venu connu ou inconnu, bardé de cuir ou de plumetis. Voilà ce que désirait ou appréciait ce type de spectateurs indifférents au sens, à la portée, au rythme : avant tout *le spectacle.* Et ce spectacle fût-il vulgaire ou évasif, tout cela revenait au même, dû aux tickets à prix réduit... un jour la langue française et le suivant du cirque, les trapézistes...

Ce que n'avait pas saisi l'homme à l'Underwood, c'était que d'en estimer certains, de ces fascinants cadors de la musique rock, d'admettre leur énergie, leur dépense calorique en vue de ferrer un maximum de concernés ou de fascinés, n'impliquait pas de les suivre dans le décalque ou le mimétisme, ni dans la roue des avancées clinquantes. Tout sauf cette éternelle clameur, ou alors «seul et chauve», *ad vitam aeternam*, n'ayant capitulé en rien mais sans devoir l'expliquer, le proclamer à des rangées de fauteuils.

Ils atteindraient cent ans, lesdits cadors, qu'ils seraient encore les mêmes : mannequins de saucisse endimanchée couverts de faux satin, du toc, les tenues phosphorescentes et passementeries disco comme on en trouve maintenant dans les Hard Rock Hotels, les faces terreuses sous la pénombre de portemanteaux soutenant les longues chasubles à la Supremes, à la James Brown...

Tout cela splendide mais révolu. De notre côté, qui avions-nous ? Des gens comme les Frères Jacques, patents pour un musée Grévin d'une anthropologie de nos petits terroirs? En quoi *Lego* changerait la donne, en quoi Bashung? D'ailleurs il le sentait, se savait lâché par la maison, la sienne, celle de la serpenteuse ruelle derrière le Panthéon : Barclay. Et j'en revenais à l'Inde, Chandernagor ou Madurai... l'anonymat des villes — *aux facettes d'un même miroir...*

Mais reprenons : entrer dans cette écoute, donc par les coups d'archet de quelque synthétiseur apparu là, dans l'ordre, pour le relief d'une musicalité nouvelle. Il n'était pas à l'aise, Alain, ce n'était pas son terril, ce paysage trop évasif, trop évasé et trop finement ciselé. Puis cela s'est dégagé... C'est *in vivo* que j'ai pu saisir l'activité d'un tel volcan : *Vénus*. Je les ai vues et eues d'un coup, prises en pleine face, ces pommes et pêches d'or et de diamant roulant au fond d'un val qui pouvait être devenu pour un instant celui de Rimbaud. Brûlure d'une sensation qui signifiait la profondeur et la proximité. N'était-ce l'amour? dont le visage ami se transformait en un visage unique qui flamboyait : l'elfe prenait position, ses quartiers dominants... que chacun avait connus dans leur liquide fœtal, endormi en fœtus, rêvant de ne plus jamais revenir à la réalité ni voir le jour sans la tenir par la main, cette fée symbolisée par ses fruits légendaires, sans l'avoir avec soi, cette sœur des séminaux liquides...

Puis *La Pianiste* : j'ai eu cette crainte... mais oui... bancale, cette musicienne qui dès le départ, dès l'arrivée de chahut mal embouché, semblait déconnectée... batterie d'un pied sur l'autre. Pas mal... on paraissait s'y faire. Voilà, on y était... des cordes à la manière de Madonna... harmoniques des violons où seule une faible palpitation, au loin, vers les arrières, signifiait un peu de vie... la ronde pointée qui ne voulait pas s'éteindre, anorexique, sournoise... et dans le même temps où s'exprimait et se déployait cette sorte d'anaconda létal, cette cause ou pause reprise par des altos en agonie, et à la fois que continuait cette larme se flétrissant sous les aspects d'un râle dont il fallait subodorer qu'allait germer en lui — on l'espérait — la renaissance fortuite de quelque chose de sain, de neuf, je me demandais : la lui avais-je donnée, la conclusion des quelques lignes ? Parce que nous ne nous étions pas revus, et qu'enveloppé de son ombre l'artiste en loden noir avait pour habitude de s'esquiver sans que nous ayons conclu à quoi que ce soit, parce que quoi qu'il arrive nous étions face à face, et lui dans son impassibilité, toujours...

En partie atterré que le titre se terminât ainsi, sans ce rajout, cette fin, je suivais, casque sur les oreilles, Alain qui susurrait maintenant le mot « indien » répétitif et lancinant, mais où en était-il de son avancée millimétrée, de son pas à la retenue hallucinée ? Des cordes horizontales tendaient à dévoiler le panorama d'un ciel pommelé pour une fin de jour sur Mountain Valley... Les grands canyons de pierre se réchauffant, elle revenait au galop, cette épopée de la tendre et triste supplique en forme de déférence qu'ont ceux qui ne sont pas nés dans la beauté ni dans l'affirmation d'un monde dont le but serait l'harmonie. Musique d'un Sibelius ? À la charge de nouveau, la cavalerie du Sud. Il nous avait bien eus, le capitaine à bandeau noir et lustre noir, le révérend mutique, le pointilliste Alain ! Son « Je suis un Indien... » déconnecté et délectable... goûteux, pressé de son jus... potion jusqu'à la dernière goutte : « *Dans le champagne et le caviar, alors on me verra... je tuerai la pianiste... et ce sera ainsi...* »

J'étais en sueur.

Il m'avait convaincu, il l'avait eu lui-même, l'avait dompté, ce morceau, le maîtrisant comme le signifiait le texte : pauvre Indien égaré, pauvre clochard en route à la vengeance facile, sa persistance à voir les tares, la pauvreté des déficiences physiques et à choisir le beau, mais cela, mais la beauté, et en être écarté ? Voilà ce que restituait Alain, aveugle et sourd à autre chose que de « fermer le coffre », ce coffre où devait encore saigner le corps « empuanti de caviar » d'une telle concertiste virtuose.

À ce moment du récit

À ce moment du récit, il faut se tremper dans quelque chose de froid, renâcler devant les détails, surseoir à la réalité : Alain de cire, Alain du patrimoine et absolument blond, Alain dans une vitrine, parfaitement transposé, reposé, coiffé, raie au milieu à la Rudolph Valentino, et puis quelques serveurs eux aussi synthétiques venant pour valser autour de la table en nous amenant les verres, travée numéro un, murs clairs, lumière de carton-pâte.

Nous serions isolés, et bien évidemment lui encore davantage, se tenant dans un smoking, simplement vêtu de blanc. Il fumerait un cigare. Un quoi ? Je venais de faire *L'Amateur*, me souvenant de n'avoir même pas été capable de citer la moindre marque : Montecristo ou Partagas.

Je songeais à ce qui le rongeait. D'autres se jetaient au travers, se remettaient... autour de moi, il en restait, de la génération cognac et fine qui auraient dû passer, comme on dit, « l'arme à gauche », et qu'on retrouvait pimpants, les entrailles presque neuves. En général ayant toujours un fer au feu, comme celui-ci, au visage allongé, osseux, d'une calvitie rappelant Jean Marais dans Le Bossu, l'ombre protubérante d'un acteur vénitien qui endossait l'habit de Casanova dans un film éponyme sorti en 76. Visage crayeux poli comme un galet, un morceau de tronc racé, haut séquoia faisant figure de patriarche… mais jeune encore, cheveux en zigzag, oeil clair. Et qui avait chanté bien des années plus tôt : « À toutes les filles que j'ai aimées, avant »…

Un auteur conséquent : des tonnes de titres… pratiquement tout Sardou, complète nomenclature à lui tout seul de la diversité de deux décennies.

Si d'aventure nous nous retrouvions, dînions en général de poisson rôti et de pomme mousseline, cela durait toute la nuit, se terminait fort tard… Le patron venait en personne, estimant nécessaire de saluer « un des plus gros toucheurs de la Sacem ».

Les filles, le vin… Donc il aimait le cigare, réincarné sous les traits hâves de quelque aventurier nouveau du XXIe siècle, comme beaujolais nouveau… C'est qu'il connaissait ça par cœur, les différentes cuvées, le luxe. Pendant que se déroulaient nos très nocturnes conversations dans des projets ou des constats plus littéraires que musicaux, on s'estimait et s'appréciait sous la valeur du gris acier de son regard très étonnant. D'où était-il, d'ailleurs, de quel lycée parisien, de quelles études avortées qui faisaient qu'on ne s'ennuyait jamais. Jamais la même partie. Et en parlant de partie, bien sûr… il s'était essayé à tout, comme si chaque fois sa barque allait où n'allaient pas les autres… comme déniaisé avant… œuvrant déjà quand sa classe d'âge en eût été encore à ses premiers flippers. Non pas à risquer le tout sur une unique couleur, mais plus finement à maîtriser ses dépendances, se contenter de flirter avec, ne jamais y sombrer. Il avait néanmoins fini en provisoire client de certaine clinique helvète où l'on vous remplace tout. Il me l'avait narré par le détail, ce qui avait pris deux heures, « un transvasement complet », tandis que les chefs de rang étaient aux ordres dans ce restaurant huppé qui n'était pas si éloigné de celui où je retrouvais Alain.

Pouilly-fuissé, chablis… il tirait de sa sous-veste une sorte de housse grosse comme trois doigts plaquée de peau de bête et extrayait la chose : Havane… et il tranchait, humait… promenait sur ce cigare la flamme de son zippo… c'était rituel : la fumée enveloppante de la volute grisée qui emplissait la salle. L'étui restait ensuite longtemps sorti et posé sur la nappe avant de réintégrer le veston. Un 4 × 4 arrivait, ou bien un voiturier quelconque… il acceptait parfois qu'on appelât un taxi, l'y fasse monter, hésitant sur le trottoir, plongé dans les tréfonds de quelque grandeur tout intérieure.

Je repartais dans la nuit, songeant à un studio emblématique que nous avions connu et qu'il avait projeté de faire classer «historique».

Ce soir-là, chez A&M, en l'ayant écouté me parler d'Alain, en le regardant, je n'avais pu éviter de me dire que c'était l'exacte figure du comédien ayant joué la séquence s'intitulant «le rêve» du Casanova de Fellini... Je songeais à moi, à mon «bilan de carrière», qu'une des rares choses que je regrettais était de ne pas avoir été présent sur cette mise en abîme du long métrage de 76, cette nuit des fantasmagories... musique Nino Rota... De même que nous étions toujours la nuit dans ces agapes feutrées où j'avais sous les yeux la manifestation revisitée d'un Casanova aminci ayant tout eu, tout vu. L'Homme des bouteilles perdues était très sincèrement heureux de mon association récente avec Bashung, solidaire et curieux... bien qu'il fût populaire et qu'il conçût son art ou sa musique comme tout à fait exempts de choses éclectiques, et au risque de déplaire, de choquer ou de faire rire, nous étions similaires, identiques. Nos soucis se rejoignaient, nos lectures également. D'ailleurs il en souriait lui-même, de cette ineptie de façade, sachant que nous nous étions croisés antérieurement — mais virtuellement — un très grand nombre de fois sous la houlette de l'ingénieur du son ayant produit Cloclo, Julo, Nino, Julio... que mes bandes deux pouces étaient parfois rangées contre les siennes du temps de mon *Caesar* latin. Il faisait Iglesias, Dalida ? Il éditait Cabrel ?

À l'heure d'Obok, au terme de la cérémonie à la mémoire de cet ingénieur du son récemment décédé, revenu de la matinée passée dans un crématorium, vers une salle des machines ayant été rouverte pour l'occasion avec le tonnelet de rouge et les sandwichs au thon, parmi tous ceux ayant connu la double porte fameuse du numéro 95 de la rue Championnet, nous nous étions retrouvés. Suivirent quelques dîners jusqu'à plus d'heure. J'avais beau le regarder, je n'en voyais pas la trace, droit comme un I, très « du juste milieu », de propos impassible tel un iceberg dont on ne connaît que ce qui dépasse. Il admirait Bashung, citait Delanoë, Talar, les auteurs de Julien, donc Roda-Gil, désormais décédé, mais également Momo, tenu lui aussi en grande estime, et qu'il fallut qu'on retrouve aux abords de la rue de Flandre qu'avait quittée Bayon. J'ai même pris des photos, fan de la grande époque.

Pauvre Momo, absent et délaissé, plus un cheveu sur le caillou. On aurait bien aimé le tirer de cette mauvaise passe. Le sieur à étui et à cigare, et à bagues en laiton — une à chaque doigt —, à crâne évolutif et qui portait ses bracelets de cuir en guise de protection vaudou, a jugé bon de tenter de le mettre sur un de ses coups d'auteur... N'oublions pas qu'*Ivanovitch*, c'était encore Momo, mais ratissé sa vie durant par quelques catastrophes de nature personnelle, ne continuant à tenir que grâce à la sollicitude des quelques-uns qui se souvenaient de lui.

Il avait pu se passer un an

Il avait pu se passer un an. Les titres étaient achevés, j'avais tout entendu, je lisais quelques critiques sur l'échec relatif de l'album précédent.

Je pouvais fermer les yeux, je l'aurais vu là : sa place, la même dans ce restaurant; impossible de le manquer, après la porte à tambour, à gauche, une unique table nappée, les longues banquettes en vis-à-vis, trop justes pour quatre et très convenables pour deux.

Les huîtres au garde-à-vous, le pain de seigle, et même les bigorneaux à la parade, « en attendant »...

Dans le verre ballon, c'était plutôt de la San Pellegrino que du romanée-conti. Il avait son doulos, le feutre noir qu'on lui voyait porter pour les premiers journaux télévisés... la lèvre en caoutchouc blafard, le teint absent, l'air mi-figue mi-raison.

Cela m'a rappelé Star Trek, ces deux yeux en amande, le fin sourire d'une stratosphère trop éloignée de chez nous pour qu'on la supposât sur terre, rattachée à la terre.

Devait-il songer que rien ne changerait malgré le printemps, l'été ? Les mêmes âneries simplettes et orgueilleuses, les gens indifférents et inégaux… Était-ce la maladie, qui le rendait si distant, version « Ailes du désir ». J'allais le revoir avec quelques rémiges se poser par là, le film en noir et blanc, près de moi, alors la pellicule ralentirait, on éteindrait la salle…

Le regard dans le vague, il avait l'air de dire : il faut s'y faire, cela continue, durera… époque faite d'impudeur, de grosse ficelle télévisuelle.

Il n'avait plus de sourcils, la peau comme celle d'un Fantômas très lisse, très gris. Donc pas un cheveu. D'où cette idée pour honorer certaines apparitions : le petit doulos, la toque… on ne verrait plus son crâne. C'est ce qui se passa lors de son clip : assis dans un avion, que regardait-il ? On le devinait très mal, fredonnant sans savoir. Ne pas ajouter une abstraction à quelque chose en route pour l'abstraction définitive, avaient dû se dire les concepteurs, donc plutôt du concret, et non du « polémiste ».

Mais concernant cette coquetterie plus médicale que citadine — le doulos —, personne ne se serait permis de lui proposer de l'ôter, car il était d'élocution pénible, hésitante, hasardeuse, et désormais tous ceux qui auparavant ne savaient pas maintenant savaient : sa mine couleur de plomb, les confidences…

Je me demandais : «retour de manivelle», jouer avec ces choses-là, les avoir provoquées, côtoyées... les limbes, le fond... prix à payer pour obtenir cette voix crépusculaire et hériter de l'adhésion de chacun, petits et grands, jeunes et moins jeunes, femmes, hommes... être apprécié en résultat de ce qui détruit, un pacte où quelque chose propose, obtient... et où les jours s'enchaînent : «Bois ceci, fume cela...»

Alain de plus en plus beau, de plus en plus héroïque. La chose suivait son cours, l'album vers les sommets. Mais sommets de quoi, d'estime? Solide, celle-ci, bien sûr, mais pas au-delà, parce que les ventes ne sont pas ce qu'on imagine quand il s'agit d'un univers trop personnel et atypique.

Et maintenant les critiques. Tous y viendraient ensuite, après. On ne sait d'ailleurs pourquoi ils se décident ensemble à un moment ou à un autre, tous dans le même sens.

Pas un mot sur son mal. Il fallait donc parler des faits périphériques. Il arrangeait sa phrase, mais ce n'était pas nouveau, laborieux, sourcilleux, de lent et doux contact en une schizophrénie réduite au minimum.

Impressionnante, cette scène qui pouvait être l'affirmation que les amoindris sont quelquefois heureux... Bien que l'épaule fût solide, on devinait l'épuisement; la face de cire tendait à se démolir comme une falaise détruite, laminée de l'intérieur, ses larges bajoues taillées dans le velouté d'un bronze à la patine désormais terne, translucide par endroits. Il était séculaire, il paraissait parti pour s'enfoncer doucement. Il était un roman, *le* roman, et représentait ce que la littérature contient dans toutes ses pages de plus impitoyable : le délitement physique quand la pression vient fissurer les choses de l'organisme, que les chromosomes se déglinguent… ils détaillent alentour, inspectent où ils le peuvent avec leurs yeux de fourmi, décident où ils iront bientôt se régénérer… ils choisissent, ils ont le choix, mais auront-ils le temps ? Des semaines, des mois. Qui était au courant du nombre de jours exacts, Chloé ?

Il ressemblait maintenant à un tout-petit fragile dans sa coquille. Il souriait, s'amusait. À ce point qu'il me semblait la transfiguration de quelque Gibson faramineuse et lourde, et arrondie, la vraie, l'instrument corpulent à caisse nacrée et laquée de noir… la sienne, en fait. C'est cela, ai-je dû songer en le regardant choisir très précautionneusement un nouveau coquillage, palourde ou praire : *il devenait sa guitare*. Deux longues minutes de masticage où cette Gibson oblongue devait régurgiter ou déglutir dans un gobage ou dans un avalage voluptueux.

Ce fut alors plus délicat de le rencontrer. Le taxi emmenait là-bas, le Wepler… un peu de citron, la similigrimace de connivence et puis les larges mains comme des araignées de mer qui s'en allaient se poser vers le méplat de quelque serviette pliée ou dépliée… du pain et la pichenette de beurre.

J'avais eu à ce moment-là au téléphone quelqu'un de très éloquent dans le domaine juridique. Il s'occupait d'Alain, du dépôt de certains titres, mais gardait avec moi un petit ton ironique, sardonique, se moquant vaguement de tout le monde, en même temps très cordial.

J'appelais à la Sacem. Il y tenait ses assises. Une fois bouclée quelque déclaration concernant le droit d'auteur, il se pouvait que pour l'amusement, et dû aux ineffables complexités de la fiscalité, nous refaisions le système en le complétant de trouvailles ou de réflexions. Toujours du même avis, du même constat… Les recoins, les niches fiscales ? nenni, mais l'éventail de ce qu'il fallait pour naviguer en paix sur l'océan de dédales procéduriers souvent plus tortueux les uns que les autres. Cela le rendait proche des stars, de toutes, des excellents, de tous, s'occupant d'eux en conseiller, et donc d'Alain, gérant ses éditions, cochant les cases et résolvant les agaceries ou tracasseries des organismes multiples. Alain n'y venait jamais, dans ces bureaux derrière Monceau, c'était plutôt Chloé, sacoche sous le bras, qui déversait sur le maroquin un tas d'enveloppes une ou deux fois la semaine.

Et c'est par cet expert que j'ai su. Il m'avait dit ceci : « Il aura le prix Sacem, ce serait bien que tu sois là… »

Parenthèse sur Chloé

Parenthèse sur Chloé, que tout le monde trouvait pièce rapportée, « illégitime ».

Je ne me prononçais pas, n'ayant pris connaissance d'aucun des deux albums qu'Alain m'avait tout de suite donnés, les extrayant de sa petite besace, timide, sachant la chose très délicate que d'imposer Chloé sur le guéridon du salon de thé.

Je n'avais pas d'état d'âme, heureux pour lui, me souvenant d'un dîner où j'avais aperçu Chloé la première fois, gouleyante, décoiffée. Elle partageait la vie d'une légende de la route — ou d'une légende en route : Alain. Elle semblait correspondre à ce qu'un ermite revenu de la bière et des mélanges « gros comme le bras » (dont on le disait très coutumier dans l'une ou l'autre des loges communes de la tournée dite « des Aventuriers »...) devait désirer avoir à ses côtés.

Après tout ? N'avait-on droit à sa compagne égalitaire, strictement blonde et qui portait santiags, gilet de Far West, cascades de cheveux oxygénés...

Tout à fait le film… aucun avis sur cette présence souple et féline, câline, auprès d'Alain, et cela jusqu'à un Olympia, premier rang des balcons.

Il faut confier à ceux qui n'auront pas connu ces quelques dates — dont Alain décrivit la sorte d'apothéose lui faisant oublier le reste, mieux que la chimio — que ce furent probablement les plus grandioses manifestations musicales de la chanson française.

Et concernant Chloé, bien sûr, tel qu'on me l'avait dit, elle y apparaissait vers le dernier quart, y chantait une ballade en duo avec lui, Stetson sur les épaules, américaine complainte tirée de quelque folklore probablement traditionnel. Toujours est-il qu'ils s'y trouvaient unis dans un moment très tendre, très country-rock, et que Chloé y tenait sa place au-delà de correctement, mieux encore, avec sa voix très gouaille, très traversée route 66. Qui eût fait mieux que cette légitime *alter ego* de *Lego* ?

Je me souviens tout à fait : j'étais au beau milieu de la première rangée du haut, appuyé au balcon, vautré, lorgnant à moins de vingt mètres la fauve silhouette noirâtre. Il faut se rappeler Alain, seul, sa guitare acoustique et le balancement de sa pogne qui avançait solide : « Voyez-vous tous ces humains / Danser ensemble à se donner la main… »

J'étais servi : royal, majestueux. Autour de lui venait s'enrouler le flot des autres : violoncelle impatient, bassiste en colosse noir, et puis ce Yann Pechin donnant une impression de picking omniprésent, que l'on ne distinguait pas, qui tournoyait dans le fond : nappes musicales que générait une corde unique qui noyait tout, vibrait, zinguait... fantôme atrocement maigre, chevelu, à envoyer son flot d'adrénaline dans les colonnes d'amplis... Et refluaient les vagues, et se soulevait une inventivité inouïe. Ce fut bientôt le drame narratif de ma douloureuse *Pianiste* retrouvée morte dans le coffre de sa voiture, puis le sortilège de la mystérieuse et si mutique *Vénus*. J'en étais mal à l'aise, agrippant l'accoudoir, me rapprochant du siège à côté de moi où se trouvait, comme un fils, un musicien nouveau et nouvellement élevé au rang de vendeur tous azimuts : Raphael.

«Alors... ?» avais-je soufflé.

Alors très moyennement impressionné, le pâtre juvénile qui venait pourtant voir se manifester ici quelqu'un qu'il admirait. Il me dirait avoir chanté en compagnie de Bashung et l'avoir apprécié en d'autres lieux et places... Comment l'admirait-il, par où, par quel côté ? Question de génération, de posture amicale... Que provoquait une musicalité pareille, songeais-je, la force maîtrisée taillée dans le vrai costar du rock, dans la vraie plainte ou *cri* — le *ki* ? Et comme j'avais ce soir-là la sensation de lire la fin d'un monde — Alain — et le début d'un autre — ce jeune Di Caprio à visage neutre —, je me suis laissé aller à comparer, additionner, soustraire… à voir dans leur musique une sorte d'ambivalence. Toutes les compositions dont je me souvenais… de Raphael à la Cigale, son interprétation d'un titre écrit pour lui et qui lui allait comme un gant, un gant violent et plein de venin craché à la population des endormis : *Être Rimbaud*. Un Raphael évidemment aussi capable musicalement que Pechin qu'on admirait actuellement dans le fond de la scène… virtuose lui aussi… mais la douceur, mais cette attente très délicate de quelque chose étant en lui, en sa génération à lui, quelque chose de perdu, tout cela le dirigeait à l'opposé de la solitude désespérée du rock… Il jouait avec les mots, le feu des mots, soumis à cette obligation que son aptitude «intellectuelle» à observer et à sentir dictait. Alain était plus rustre, plus «tête de pierre de l'île de Pâques». C'est par un sentiment d'aîné, de proche, c'est en voyant le profil ingénument complexe de mon voisin de gauche et par une relation quasiment paternelle que je raisonnais ainsi. Il aurait répondu : «Tu n'es pas critique rock»… et même? Le respect, l'admiration parfois n'empêchaient pas de se prononcer sur cette contradiction étant la sienne : certainement dédoublé, comme si deux maîtres de forge étaient en lui, tirant à hue, à dia.

Lors de cet Olympia, curieuse de l'ombre noire actuellement sur scène en train de conclure *Lego*, ma fille est à ma droite et ne se prononcera pas. La place du père, n'est-ce pas... cela laisse des traces. J'avais en tête les tout débuts de l'enregistrement d'Hôtel de l'Univers, premier album de Raphael et ses premières estimations à elle, ses premiers doutes sur sa fonction, sa place... Le terme qu'elle employait alors était qu'elle se trouvait « illégitime ». Je voyais son menton proche de la crispation et de l'émotion qu'elle ne pouvait dissimuler. Très tôt, elle avait su privilégier la sensibilité, et petit à petit placer sur quelqu'un d'autre, en quelqu'un d'autre, sa très cruciale vision de ce qui était la poésie ou la beauté, être le garde-fou de celui qu'elle protégeait maintenant, soucieuse, emplie d'intégrité, précise et douée pour une telle vigilance. Ou même plus jeune, quand j'allais la chercher, redoublante, rebelle, dont je lisais la finesse, l'atypisme, quand je ne me souciais pas vraiment de la suite, allant lui faire passer je ne sais plus quelle cession du bac derrière la tour Eiffel, son interro de géo, et qu'elle m'avait montré les lignes de sa copie... J'en étais atterré, revenu à mes racines de cancre à moi, contrit que nous dussions être soumis à cela. J'avais dû dire « très bien » en lui tapotant le crâne. Un frère plutôt qu'un père, mais là, à l'Olympia, dans quel état d'ambiguïté avait-elle pu recevoir la « lisibilité » des neuf minutes du roman fleuve : *Lego*... son père était Lego, sa vie à elle Lego...

Il faut parler ici

Il faut parler ici de Place de la Bourse, où officiait le plus distingué de ceux qui formaient le triumvirat ayant veillé sur moi comme les petits anges des contes d'enfant. J'en ai déjà parlé : Bigot, Bayon, François... Ils m'avaient défendu, fidèles devant la horde de quelques-uns, parfois critiques, qui se grattaient le crâne en écoutant mes titres ou «n'aimaient pas la voix»...

Ils avaient eu gain de cause, les trois lascars, les mousquetaires de la décennie Royaume de Siam. Le ciel leur en soit loué, car au fil des années, ensuite, j'avais croisé des anonymes dont le parcours avait été souvent marqué par l'exotisme de telles compositions et l'art de circuler comme on le faisait, prenant des trains ou des avions dans la lumière de paysages sans cesse à découvrir, visiter ou apprendre. Lors d'un dîner, parfois, on me disait cela : «C'est vous?...», et le convive à lunettes, grisonnant, s'exaltait : «Quand je me trouvais en Inde... que je revenais du Népal, que j'avais sur moi une des cassettes audio de toutes ces chansons… on se les repassait et se les recopiait comme s'il s'agissait de mantras ou de textes saints ! »

On me resservait un peu de fromage. Ces gens ne voulaient certainement pas m'importuner avec leurs histoires de baroud… celui qu'ils découvraient près d'eux était si loin de l'image qu'ils avaient eue en ces temps-là de l'anachorète ne s'exprimant pas.

Ils essayaient tout de même : « Pourquoi ne vous montrez-vous jamais ? »

Je devais leur expliquer : s'exclure des lieux communs, savoir la vie ailleurs, la faim, l'amour… Pour la plupart des gens, il faut des certitudes, ce qui rassure : l'école, l'avenir, gagner sa vie.

Et ceux de cette table, qui m'écoutaient comme un spectre du passé dont la voix psalmodiante les avait enveloppés, suivis, escaladant ou descendant les pentes et sentes au fond de leur sac à eux, touchant leur gourde à eux et leurs gamelles à eux, dormant sur les mêmes nattes, dans les mêmes lodges, alors ces femmes ou hommes convenaient que ces choses qu'ils avaient vues, qui les avaient formés à être, et jusqu'à aujourd'hui, plus calmes, plus raisonnables, n'avaient certainement pas de raison d'être divulguées ici.

L'Opium et les fumeries, c'était maintenant en juin, une manifestation ayant vu le jour dans un endroit feutré du centre de Paris, et la griserie honorifique du prix s'y déroulant. Bayon, coiffé en brosse, faisait partie du jury. Bigot, enfant de la balle, venu de la bande Agfa et des locaux d'Europe 1, était là lui aussi, promenant sa bonne dégaine garante d'une ascension tranquille, et désormais repu du label Fnac Music où il avait été l'initiateur d'un « Route Manset » sorti dix ans plus tôt, à l'occasion duquel des gens tels que Cabrel, Salif Keita, Murat, avaient eu à choisir puis enregistrer des titres sans que leur auteur le sût... track-list et bandes master revendues ensuite aux sources : EMI, la maison mère...

Puis François Armanet, pochette cachemire et ironie gentille : « C'est quand la scène ? » On le découvrait comme à son habitude ; très élégant, mains parfaitement soignées, plissant des yeux pour estimer la perspicacité de son vis-à-vis... C'est lui, c'est grâce à lui, à eux. De vrais pères de famille, de vrais appartements parfaitement décorés. Ni la révolution ni la contestation, plutôt le regard d'un haut et très chancelant pudding fait de ses couches disparates. Le voilà qui s'occupait du prix. Il m'a convié : bonne chère, saumon sur canapé et huîtres chaudes bien arrosées de champagne. Les très soyeuses jeunes filles au bras de quadragénaires blanchis, le littéraire souriant, inondé d'after-shave. Donc en sa compagnie, mais qui couronnait-on, que je ne connaissais pas, la fille de qui, dont le récit mettait en scène une brève histoire entre deux femmes aux prises avec un philosophe, quand l'une des deux passait du père au fils ?

Ce fut la fois suivante, l'année suivante, un haut colosse au large costume de flanelle grise, visage et voix dont on se souvenait, hypnotique, poétique, et habitué des choses audiovisuelles qui l'avait reçu, ce prix : Frédéric Mitterrand. J'ai vu ses lèvres de près, mollement flattées, verdâtres, quand il posa de même, mollement, pour la photo, cigare en bouche, hautain et amusé.

François avait tenté de me le présenter, ce lauréat massif et neveu d'un Président. Connaissait-il seulement *La Mort d'Orion*, ou fût-ce une ostensible pirouette pour m'éviter, toujours est-il que la poignée de main fut brève, condescendante, peut-être dérangée, en route vers un petit four?

Or ce même soir, quelqu'un d'habillé de noir se trouvait à la lisière de la terrasse, quasiment seul et dans l'obscurité. Il paraissait absent, submergé, enseveli. Personne n'avait remarqué : Bashung. Nous ne nous étions pas revus depuis une dizaine d'années; il épousait Chloé et nous avions dîné dans un restaurant du quinzième.

J'en étais là. Je rentrais de voyage en essayant de me concentrer. On aurait le temps... il y avait le reste... le monde qui signifiait comme l'Hexagone était maintenant tout juste un quart de domino, un rien, un confetti...

Alors on m'a guidé, on m'a mis à sa table. Quelqu'un se proposait toujours d'aller chercher une coupe, une assiettée de ceci, de cela, un rien de tous ces trésors à peine touchés en équilibre au bord d'un guéridon. Nous n'eûmes pas à hurler, c'était si amical, lui qui souriait près de moi, à moi, comme si nous étions là dans la capsule rêvée, la corolle admirable qui aurait dû nous réunir avant et ne s'était pas ouverte ni présentée.

On s'est dit quelques mots, puis arriva l'instant où il était monté avec sa veste à franges, sa chemise cow-boy et sa Gibson fétiche sur ce qui avait été construit pour lui d'improvisé : une estrade. Convié amicalement, il proposait comme un miniconcert de quelques titres, par gentillesse. C'est qu'Armanet collectionnait, en guitariste lui-même, quelques auteurs qu'il invitait parfois à un petit dîner informel : Christophe, évidemment, de plus en plus raviné, coiffé comme une poupée ancienne, très beau, racé, mais toujours les bottines, toujours la connexion avec l'au-delà… ou même des Carole Laure, Lewis Furey…

Les lumières furent éteintes, juste un pinceau sur lui. Il a chanté *Gaby*, puis est revenu s'asseoir, Alain, sourire gêné et Ray-Ban noires immédiatement replacées, le dissimulant, tenant sa coupe de champagne et rassuré de me savoir là, comme lui, lui qui s'était jeté dans cette fosse, objet de l'impudique démonstration. Il avait passé l'âge… Il n'était pas à l'aise, pas tout à fait son monde, ce monde de lutinages et de badinages. C'est ce que j'ai cru comprendre.

On s'est promis de se revoir très sérieusement. C'est là qu'en échangeant nos téléphones on s'est fait l'accolade.

L'année suivante, Djian

L'année suivante, Djian avait eu le prix, me coiffant au poteau. Un texte, le mien, que certains avaient considéré devoir être publié rue Sébastien-Bottin. Pourquoi pas ? Et cela s'était produit, du velours, du beurre, la prestigieuse maison.

Quelle bonhomie et quelle simplicité. On s'y serait cru dans Maupassant, par ces coursives grisées. Hôtel particulier dissymétrique aux escaliers lilliputiens amenant par quelque labyrinthe au saint des saints : le bureau d'Antoine, le vrai, l'ésotérique et très discret patron qu'on ne voyait que très rarement, parfois à la télé, gentiment évasif. Il s'était souvenu de moi et m'avait fait entrer : « Comme c'est gentil… » Parce que *in extremis* j'amenais mon manuscrit, le lui posais comme si nous en étions encore à nos années potaches, de vacances d'été à dévaler la France dans sa voiture à lui… quelle était-elle, quelle marque. Un coupé rouge ?

Il était là, devant moi, bien calé dans son siège, une sorte de bergère creuse ou de pouf en cuir copieusement fatigué, usé. Sa chemise ouverte, son attitude décontractée très juvénile, l'œil vif, il avait désigné ce fauteuil et s'octroyait le second. Bureau berceau de toute une lignée. Imaginez : comment était-il là, lui si disert, que l'on tutoyait peu, au visage rimbaldien à la Andy Warhol, ancien adolescent ou frêle jeune homme que je revoyais en fulgurance conduire sa décapotable rouge quand nous avions vingt ans. Antoine me montrant un très racé voilier ancré dans le port de Cannes…

Nous ne nous étions jamais rappelés. Ma mère, pour remercier, avait fait envoyer des fleurs. Où? Dans l'odeur des lavandes, le père recevait des gens comme Nabokov, et nous on circulait là-dedans, chantez grillons, passez cigales… la basse demeure très en arrière dans les massifs, ou, très au-dessus d'une plage, la longue allée de palmiers et deux ailes en terrasse. Étais-je si abruti que je ne fusse suffisamment curieux, alors, d'aller déjà fourrer mon nez là-dedans, plus en avant, pour voir, et même de loin, et même en dérangeant subrepticement comme cela se fait dans les films, Claude, le père, le Gallimard emblématique dans une époque où le visitaient encore Céline? Gary?

Et l'occasion s'était produite de se retrouver en tête à tête avec Antoine, chez lui. De le découvrir presque inchangé, visage vaguement désabusé et pour autant très lumineux, enjoué, voire facétieux. Je l'ai su par la suite : craint, respecté, et cela à juste titre. Il souriait. Il avait repris la Grande Boutique... Qu'avions-nous survolé, de quoi avions-nous parlé? Je l'écoutais, songeur, et crois me souvenir qu'il avait fait amener quelques sushis, que nous ne buvions que de l'eau, que cela s'était conclu par : «Passe me voir un de ces jours, je te ferai visiter ça...»

Ce qui fut fait en juin : un large parking pavé, les portes d'une écurie... la gardienne authentique m'avait fait m'engager par un petit escalier, l'entrée sur les arrières. On se courbe, on passe voûté : Antoine est là, paisible, désigne la porte d'un renfoncement.

On se croirait dans des combles : une lucarne est ouverte sur un grand pan de soleil, la verdure, les statues. C'est bucolique, secret, et cela en plein Paris. Puis nous voilà en vis-à-vis l'un de l'autre dans l'un de ses petits crapauds de cuir affaissé. Il a dû entamer une canette de coca et l'a laissée comme ça, froissée, la gardant dans sa main, me regardant curieusement : «Alors?»

Que dire? sur quoi partir en faisant preuve de tact avec quelqu'un qui semble à ce point distant aux choses?

A-t-il tout vu, tout lu? Il me parle de régates, me désigne une coque modèle réduit accrochée à son mur, a un soupir, comme si les choses de la Bretagne étaient trop éloignées, trop distanciées de la bonne réalité de l'étroit bureau. On y sent le condensé de l'écrit en pèlerinage venu sobrement se taire, respirer avec lui... on espère bien que rien ne changera, que tous ces étages et que toutes ces alvéoles en niches d'abeille finiront par souder ce qu'il y a d'universel dans les domaines de l'aristocratie du mot. Leçon élémentaire des routes inopinées : périphrases et ellipses… le pic des apocopes, la terre des exigences et des alinéas.

Car tout travaille, ici, au-dessus, en dessous… maîtres du sens et de la relecture… Il le faut bien; c'est parce qu'ils sont tous là, tous les auteurs chéris et parcourus sans rémission par des générations, mais également quelques anachronismes, quelques écarts, les autres, les singuliers, ceux auxquels à la longue, un jour, il a fallu tout de même laisser leur chance.

Revenu à son bureau, Antoine a dans son dos la collection complète de la Pléiade. Il est Pléiade lui-même, confie qu'il vient de signer ce que je vois de posé un peu plus loin : *Les Bienveillantes*… qu'un certain «hérisson» atteint six cent mille ventes…

Pour autant de coups gagnants, quel éditeur aurait fait preuve à ce point de discrétion? Et même pour le Nobel, qui n'aurait pas été tenté de tirer la couverture à lui, un peu, un bout du drap… ne se serait montré, n'en aurait profité, ne se fût pas associé — personnellement — à une aussi spectaculaire mise en avant?

Lorsque nous étions jeunes, qu'écoutions-nous, les Stones, Procol Harum? Et aujourd'hui, écoutait-il Alain, *Lego*? Je ne lui ai pas demandé.

Nous étions descendus. Il m'a fait visiter. Il

tripotait tel ou tel bouton de porte, marchait devant moi, vérifiant seul puis me faisant signe de le suivre dans une grande salle de réception totalement vide, comme une galerie des glaces, Versailles.

Plutôt Versailles-Chantiers ; tout était en travaux, poussiéreux, peint en gris, avec des housses sur les rares pièces du mobilier rangé au ras des murs. Il a ouvert une porte-fenêtre donnant sur le jardin. Il foulait son gravier, repoussant du pied les mottes… Il a montré du genou un angle pouvant avoir été brisé, une corniche déchaussée : « Tu vois, ils me l'ont bousillée, foutue en l'air », a-t-il dit, consterné. C'était les ouvriers, je ne sais… d'autres venaient d'installer de grands panneaux décoratifs et retournaient les plates-bandes… penderie d'aluminium que surmontaient des spots en pointillés, guirlandes cheminant dans la verdure, piquetant la pelouse.

Deux de ses filles étaient prêtes et se sont jointes à nous, charmantes, blondes comme les miennes, jeunes et fraîches comme les miennes. Un père ravi et rayonnant. Cela s'est fini par un soufflé — car elles aiment le soufflé — et la dernière image fut celle de la plus jeune lui réajustant sa cravate, à Antoine, avec autant de mécontentement attentionné que l'une des miennes l'eût fait pour moi — au cas où j'aurais porté cela, une cravate.

Lui tapotant sa veste, le rabrouant gentiment afin qu'il soit convenablement vêtu à cette table en plein air : « Enfin, papa ! » énonçait-elle avec une affection ou affliction filiale très émouvante.

Djian m'avait laissé un SMS

Djian m'avait laissé un SMS, je devais le rappeler pour le tournage du clip, le mien, celui qu'on ne verrait pas, bien sûr, les scènes exécutées dans le noir, dans la fumée… avec l'équipe technique, les fumigènes.

Direction les studios. J'avais bouclé l'album… convié deux assistants lumière et un cadreur. Projecteurs çà et là, les un et deux kilos… du cinq cents watts aussi, gélatines grillagées et déplacements à contre-jour. Depuis le temps que j'avais tout ça : image numérisée, sécurisée.

Il est venu vers minuit, lui et sa bouille canine, à me bercer gentiment pendant une heure et demie, répondre à l'entretien. Ce qui donnait à peu près :

« Pourquoi les gens ne lisent plus ? »

Djian reposait languissamment sur la banquette, s'interrogeait. Qu'en disait-il, considéré comme inclassable ?

Soigneusement réfléchi, il grommela quelque chose, rebondit sur un constat plus négatif encore, mais cela avec placidité, réserve, sans la moindre rancœur. On se regardait dans le blanc des yeux ; il n'en finissait plus, moi fasciné, et lui faisant preuve d'un hypnotisme tel qu'en montrait Alain dans ses moments les plus spectaculaires. Là, identique : les mains lourdes et larges qui fendaient l'air paisiblement, soulignaient son propos en arabesques aveugles sachant les réunir comme deux danseuses sur le mamelon du genou d'où elles étaient parties, cet à-pic vaguement rond.

Avant qu'on ne se sépare, tandis que l'équipe éteignait tout, roulait les câbles, j'ai sorti *Genre humain*. Il avait écouté, hochant la tête une fois, dix fois, le crâne dans ses paluches. Il oscillait, tanguait... musicien intérieur, tel l'un de ces monstrueux lutteurs que les coups n'atteignent plus.

Le dimanche suivant le téléphone sonnait : Alain... sa voix n'était plus celle que je connaissais, il se raclait la gorge, toussait, cherchait à s'exprimer en très peu de mots. Le souffle était hésitant comme si la contagion, et même au téléphone... absurdité des réactions de frayeur devant l'irréel ou l'impensable.

Je ne voulais pas.

Je me vois pourtant noter, prendre au fur et à mesure, sur un morceau de feuillet, ce qu'il énonçait. Je trouvais ça impudique, mais qui m'y obligeait, quelle incrédulité de vouloir y réfléchir, de ne pas devoir le croire, quelle trace?

Tout le temps où il parla, j'ai continué, sachant pourtant très bien que l'instant suivant j'allais la déchirer, cette feuille, que c'était injuste, idiot, simplement incorrect.

Pourtant, ça allait mieux. Il repartait pour une série de cinq dates : Amiens… Je l'ai bien senti fragilisé par le traitement. On a parlé de son DVD, qui ne serait probablement ni terminé ni packagé avant le printemps. Donc en vente quand? Et fallait-il déjà que tout le monde se mette d'accord. Le mot «printemps» sonna très étrangement. Alain le verrait-il, ce prochain printemps? Brel s'invitait dans le téléphone : «C'est dur de mourir au printemps…» Soleil et sa liqueur passant par les petites pousses toutes neuves, brindilles à s'éveiller… la symphonie des bleus pastel, des verts de toutes les nuances renaissant par la forêt et par les hommes… mais la nature se fout de qui en fera partie ou non, de la prochaine floraison et de la prochaine fiction de couleurs et d'enchantements.

Il n'était pas content, pas satisfait… Il s'agissait du son, pas comme il l'eût voulu. «Tu sais, avait-il dit, ne t'imagine pas que je sois au centre de leurs préoccupations…» Il parlait de tout son staff, la major. Je n'ai pas compris. Ne représentait-il pas, pour ceux qui l'avaient vu dans ses dernières apparitions, le plus magistral succès des derniers mois, du siècle?

J'ai basculé : la jaquette, les mixages… il fallait le sortir vite, le DVD en question… les gens de la captation, des responsables que je ne connaissais pas et sur lesquels il paraissait dubitatif, n'en étaient pas si sûrs. Il m'a demandé de me taire, de garder pour moi ces remarques comme ma proposition très bénévole de m'en occuper, de l'aider.

Il aurait pu être question qu'on se croise la semaine suivante, que j'aille le saluer et lui remonter le moral, chez lui, dans cette portion de jardin légèrement épargnée de l'amoncellement de déchets de tout un quartier.

J'ai préféré le silence, me distancier… sujet à me réfugier dans la fiction du «Je suis un Indien», oui, celle des tout débuts, prémisses dans les opacités plus accueillantes que celles du monde concret. Une telle formule de soustraction à la réalité, ce qu'elle avait d'effectif, les mains sur les oreilles, n'entendre rien et ne rien voir.

Et puis construire cette image-ci : Alain de profil en haut des marches du petit enclos frappé de lumière, son bibi magnifique en forme de temple hindou faisant une ombre sur le visage à nez busqué. Marquis de Pombal en route… un conquérant pour embarquer les foules… que l'on aurait aimé porter en haie d'honneur, emmener un peu plus loin, soutenir, retenir.

Or la salle se rallume, il faut marcher, retourner à sa voiture et il fait nuit.

ÉPILOGUE

Je rêvais, somnolais...

Il s'était donc passé des mois, et j'ai songé : Alain n'est plus. D'abord la mise en terre, cette épopée de soleil suivie par les journaux, la presse, et puis un zeste d'oubli... et moi indubitablement absent, préférant m'écarter, ne pas m'y trouver et ne pas répondre.

Il aurait droit au Père-Lachaise. Très délicat de s'inscrire dans de pareils commentaires... Chacun y allait de son mot : « dernier moment, dernière pensée », les flashs et l'enterrement, les flashs *à* l'enterrement. Que dire ? Va-t-on sous terre ? y était-il déjà ?

Me souvenant de ce qu'avait dit cette assistante de la tournée, je ruminais ce détail par un Paris désert, tout simplement ceci : lors des Victoires de la Musique sacrant Alain trois fois de façon quasi posthume, il avait eu le désir d'interpréter *Comme un Lego,* exigé cela jusqu'où ses forces le permettaient. Ce fut tout de même un autre titre qu'on lui demanda. Malade et fatigué, déçu de devoir capituler devant telles instances, il avait accepté.

Et je l'ai imaginé au soir de la cérémonie chanter trois fois *Comme un Lego*, le vrai, celui de la scène de l'Olympia ; *Lego* lui-même, en fait, qui allait se renverser, tomber sur le côté ; *Lego* qu'on découvrait maintenant sur les écrans de YouTube... lui et les fantassins de la petite armée en route : *Je tuerai la pianiste... Vénus...*

Évidemment, je n'étais pas seul sur cet album, bien sûr qu'il y en avait eu d'autres, ce jour de deuil, à se sentir orphelin, mais j'ai voulu penser que nos rapprochements, à Alain et à moi, étaient d'une nature autre, hors de toute expression simplement artistique, musicale, que par ce geste ou « adoubement » il avait entrouvert la porte de quelque chose : la marque de gratitude de beaucoup d'inconnus que sans son rôle à lui ou sans son interface à lui je n'aurais jamais envisagée, la manifestation d'un sentiment diffus, confus, et qui, à travers lui, venait de m'atteindre.

Je ne serais probablement jamais un amateur du Web ni des Facebook ou des Dailymotion, mais je suis allé me rendre compte, surpris par ce besoin de fouiller, de chercher... Je dois dire que j'en suis ressorti très humble, très étonné : c'était indubitablement magique, ces témoignages du vide et de la machine, de la nuit des pixels… effectivement troublant de distinction simple et honnête, l'anonymat de ces remerciements lancés à qui avait montré qu'on pouvait être intègre, solide, droit comme le rock lui-même. J'en étais bouleversé, que toute cette jeunesse saluât son Assomption, le rendît éternel, Alain, lui et sa très auguste manière de lever la main, de pointer l'index on ne sait en direction de quelle partie de la salle, tel Pharaon le fait sur ses effigies colossales.

Il y en aurait des tonnes, ensuite, de manifestations d'estime, jusqu'à cette double page dans un organe de presse présent lors de la mise en bière. Et tous ces chroniqueurs en général aptes à se moquer, flétrir, alors comme un seul homme autour de lui. Et l'accroche de *Libé* : «Bashung est mort», point barre. Ou sobrement, cette gerbe d'un blanc immaculé, ce cent de roses blanches et la sentence sur la banderole satin :

Pourquoi ne me réponds-tu jamais ?
Sous ce manguier de plus de dix mille pages
À te balancer dans cette cage
À voir le monde de si haut
Comme un insecte, mais sur le dos…

Je suis à Angoulême, traverse devant la gare. J'entends le portable, l'extirpe comme un scarabée noir et ovoïde. Cette voix rapide, toujours pressée, concise : ma fille. Et que dit-elle, tandis que le véhicule de la photogravure vient me prendre tandis que je quitte un déjeuner étrangement morne face à des lieux où je suis souvent passé, rêvant à la Charente... Elle me dit que Raphael propose très gentiment Nagui pour un *Taratata* où nous y chanterions ensemble *Comme un Lego.*

Elle sait que c'est très pénible de devoir répondre négativement, de décliner. Elle était désolée. C'est charmant, ai-je songé, et puis je me suis assis à l'avant de la Clio. Sac de voyage et soixantaine d'ektas.

Tout en roulant, alors qu'on me pilotait vers les étalonnages, je me suis souvenu qu'Alain aussi m'avait proposé cela, de faire *Lego* avec lui, pour Pleyel, pour la réouverture de Pleyel.

Il avait attendu.

Composition Dominique Guillaumin, Paris.
Impression CPI Bussière
à Saint-Amand (Cher), le 12 avril 2011.
Dépôt légal : avril 2011.
Numéro d'imprimeur : 111195/1.
ISBN 978-2-07-013401-4./Imprimé en France.

183425